Diethard Lübke

Lernwortschatz Deutsch
Learning German Words

Deutsch-Englisch

Max Hueber Verlag

| € | 3. | 2. | 1. | | Die letzten Ziffern |
| 2005 | 04 | 03 | 02 | 01 | bezeichnen Zahl und Jahr des Druckes. |

Alle Drucke dieser Auflage können, da unverändert,
nebeneinander benutzt werden.
1. Auflage
© 2001 Max Hueber Verlag, D-85737 Ismaning
Umschlaggestaltung: Braun & Voigt, Heidelberg
Satz: Design-Typo-Print, Ismaning
Druck und Bindung: Ludwig Auer, Donauwörth
Printed in Germany
ISBN 3-19-006400-8
(früher erschienen im Verlag für Deutsch ISBN 3-88532-620-5)

Foreword

Lernwortschatz Deutsch – Learning German Words is a learning aid that will
be a considerable help to you as you learn German:

1. A big dictionary, such as the German *Wahrig*, contains more than
   100.000 words. It is quite impossible to learn them all. *Lernwortschatz
   Deutsch* contains only those German words that are used in modern
   German, the German that everyone speaks.
2. Have you ever tried learning words from an alphabetical list? If you
   have, you will know how hard it is. It is much easier to learn words that belong to the same topic area: traffic, pedestrian, bicycle, car, taxi, bus, truck ...
   This is why this learner's dictionary doesn't contain alphabetical lists, but to-
   pic-based lists instead. If you want to look up a particular
   word, you can do so with the help of the two indexes at the back of the
   book.
3. Learning individual words is useful; but it is much more useful to
   learn how words are used, because you want to use them when you speak,
   discuss things or write texts in German. To show you the correct use
   of a word, examples, expressions and collocations have been included in
   a special third column.

This is how to use this learner's dictionary:
Each page has three columns
- the German words on the left
- the English translation in the middle
- German examples on the right.

In the third column on the right, the German vocabulary item
is replaced with a tilde (~).

This layout makes it possible to learn the words like this:
First you read the vocabulary items carefully through, then ...
1. cover up the English translations with a sheet of paper and say the
   meaning of the German words from memory.
2. cover up the left-hand column, read the English translations and
   say the German words from memory.
3. cover up the left-hand column and say aloud the examples in the
   third column, where the German vocabulary item is replaced by a tilde.

This is the most effective way of learning words and the way they are used.

Vorwort

Lernwortschatz Deutsch – Learning German Words ist ein Hilfsmittel, das das Lernen der deutschen Sprache wesentlich erleichtert:

1. Ein großes Wörterbuch, zum Beispiel der *Wahrig*, enthält mehr als 100.000 Wörter. Es ist ganz unmöglich, alle zu lernen! *Lernwortschatz Deutsch* enthält nur die deutschen Wörter, die zum modernen Deutsch gehören, das jedermann verwendet.

2. Haben Sie schon einmal versucht, Vokabeln nach einer alphabetischen Liste zu lernen? Dann wissen Sie, dass das große Mühe macht! Es ist viel einfacher, immer die Wörter gemeinsam zu lernen, die zum selben Sachgebiet gehören: Verkehr, Fußgänger, Fahrrad, Auto, Taxi, Bus, Lkw ... Aus diesem Grund enthält dieses Lernwörterbuch keine alphabetischen Listen, sondern Sachgebiete. Wenn Sie ein einzelnes Wort suchen, helfen Ihnen die beiden Register am Ende weiter.

3. Einzelwörter zu lernen ist schon ganz gut; wenn man den Gebrauch der Wörter lernt, ist das viel besser, weil Sie ja die Wörter beim Sprechen, Diskutieren und Verfassen deutscher Texte verwenden wollen. Um Ihnen zu verdeutlichen, wie man ein Wort richtig gebraucht, wurde eine dritte Spalte eingefügt, die Beispiele, Ausdrücke und Wortverbindungen enthält.

So verwenden Sie dieses Lernwörterbuch:
Sie finden auf jeder Seite drei Spalten:
  – links die deutschen Vokabeln
  – in der Mitte die englische Übersetzung
  – rechts die deutschen Beispiele.

In der dritten Spalte wird die deutsche Vokabel immer durch eine Tilde (~) ersetzt.

Diese Anordnung erlaubt Ihnen, so die deutschen Vokabeln zu lernen:
Zunächst lesen Sie aufmerksam die Vokabeln durch, dann ...

1. verdecken Sie die englischen Wörter mit einem Blatt Papier und sagen aus dem Gedächtnis die Bedeutung der deutschen Vokabeln.

2. verdecken Sie die deutschen Vokabeln links und wiederholen aus dem Gedächtnis, indem Sie auf die englischen Wörter sehen.

3. verdecken Sie die deutschen Vokabeln in der linken Spalte und lesen – laut – die Beispiele der dritten Spalte vor, wo die deutschen Vokabeln durch eine Tilde ersetzt worden sind.

Dies ist die wirksamste Methode, Wörter und Wortgebrauch zu lernen.

Diethard Lübke

Inhalt
Contents

Nicht verwechseln!
Don't mix them up!

aktuell	topical, current	die ~e Ausgabe der Zeitschrift
also	so	Es hat ~ keinen Zweck?
das Apartment [a'partmənt], -s	small flat / apartment	sich ein kleines ~ mieten
arm	poor	~ sein / ~e Leute
bald	soon	Er kommt ~.
die Bank, ¨e	seat, bench	Er sitzt auf der ~.
die Bank, -en	bank	Sein Geld liegt auf der ~.
das Benzin	petrol, gas	~ tanken
brav	good, well-behaved	das ~ Kind
das Büro, -s	office	Der Chef hat das schönste ~.
der Champignon ['ʃampɪnjɔŋ], -s	mushroom	~suppe
der Chef [ʃɛf], -s	boss	Die Anweisungen des ~s befolgen.
die Fabrik, -en	factory	in der ~ arbeiten
der Fall, ¨e	case	der Mord~ / den ~ aufklären
die Garderobe, -en	cloakroom, checkroom	den Mantel an der ~ abgeben
das Gift, -e	poison	die ~stoffe / „Vorsicht, ~!"
das Gymnasium, Gymnasien	grammar school	aufs ~ gehen
der Hut, ¨e	hat	einen ~ tragen
der Job [dʒɔp], -s	temporary job	Für die Semesterferien sucht er einen ~.
das Kind, -er	child	~er haben / eine Familie mit zwei ~ern
die Konfession, -en	denomination, religion	~: römisch-katholisch
die Kontrolle, -n	check	eine ~ durchführen
die Kritik	criticism	~ üben
die List, -en	trick, cunning	eine ~ gebrauchen / etw. mit ~ erreichen
die Meinung, -en	opinion	seine ~ äußern
die Messe, -n	fair	die heilige ~ / die Frankfurter Buch~
der Mörder, -	murderer	den ~ festnehmen
die Notiz, -en	note	sich eine ~ machen
ordinär	vulgar	~e Ausdrücke verwenden
das Paket, -e	parcel	ein ~ zur Post bringen
der Paragraph, -en	section, clause	Das steht in ~ 218.

die Pension [pã'zioːn], -en	guesthouse	Im Urlaub wohnen wir in einer kleinen ~.
die Phantasie	imagination	die ~ eines Schriftstellers
die Post	post office, post	einen Brief zur ~ bringen / die ~ lesen
das Protokoll, -e	report, minutes	ein ~ schreiben
der Prozess, -e	trial, case	jdm. den ~ machen
die Puppe, -n	doll	Das Kind spielt mit seiner ~.
das Rezept, -e	prescription, recipe	Das Medikament gibt es nur auf ~.
der Roman, -e	novel	Sein neuer ~ war kein Erfolg.
der Schal, -s	scarf	sich einen ~ um den Hals binden
der See, -n	lake	im ~ baden / der Stau~
sparen	save	Sie spart für ein neues Auto.
die Spur, -en	clue	eine ~ finden / die ~en sichern
still	silent, quiet	~ sein / sich ~ verhalten
die Sympathie, -n	liking	für jdn. ~ haben / ein Zeichen der ~
sympathisch	likeable, agreeable	jdn. ~ finden
der Tresor, -e	safe	den wertvollen Schmuck in den ~ legen
turnen	do gymnastics	in der Halle ~ / ~ gehen
die Weste, -n	waistcoat, (US) vest	Der Herr trägt eine ~.
das Wild	game	In diesen Wäldern gibt es viel ~.
(sich) wundern	be surprised, surprise	sich über etw. ~ / Es wunderte ihn, dass …

Hauptwörter/Nomen, Verben

1

die Sache, -n	thing, point, business	zur ~ kommen / bei der ~ sein / Das ist meine ~. / Morgen hole ich meine ~n ab.
die Angelegenheit, -en	matter	eine schwierige ~ / „In welcher ~ kommen Sie?"
das Verhalten	behaviour	sein ~ ist merkwürdig / das ~ der Tiere beobachten
sich verhalten[1]	behave	sich ruhig ~
die Tat, -en	act, action, deed	eine gute ~ / die Helden~ / Lasst den Worten ~en folgen!
der Zustand, ¨e	state	der Gesundheits~ / der ~ des Hauses
der Umstand, ¨e	circumstance	alle ¨e kennen
der Sachverhalt, -e	facts	den ~ klären / den ~ kennen / jdn. über den ~ informieren
das Ding, -e	thing	Im Zimmer lagen viele ~e herum. / Über diese ~e will er nicht sprechen.
der Gegenstand, ¨e	object	Die ¨e liegen herum. / „Was sind das für ¨e?"
das Merkmal, -e	characteristic, feature	ein typisches ~ / ein wichtiges ~
die Art	kind, type, sort, nature	Ersatzteile aller ~ / Ihre ~ gefällt mir.
die Form, -en	form, shape	die äußere ~ / die ~ der Blätter / eine Mitteilung in schriftlicher ~
sein[2]	be	krank ~ / hier ~ / Schüler ~
die Existenz, -en	existence, living	die ~ eines Briefes / sich eine ~ aufbauen
existieren	exist	Beweise ~ / ein Testament existiert
herrschen	be	Es herrscht dichter Nebel.

1 sich verhalten: ich verhalte mich, er verhält sich – verhielt sich – hat sich verhalten
2 sein: ist – war – ist gewesen

irgend-	some, any	~wer / ~was / ~ein / ~jemand / ~wo / ~wann
man	one, they, people	~ kennt sie / „~ kann nie wissen."
jemand	someone, anyone	„Ist dort ~?" / ~ anders
jeder, jedes, jede	each, every	~ einzelne / zu ~ Zeit / jeden Tag / auf jede Bedingung eingehen
jener, jenes, jene Plural: jene	that, those	diese sind blau, jene grau / an dies und jenes denken
all-	all, everything	~e Menschen / ~e beide / wir ~e Ich weiß ~es. / „~es Gute!" / ~es Mögliche
aller-	the very, the most	der ~beste / der ~schönste
manch-	many (a)	~er / ~mal / ~e Menschen
etwas	something, anything	~ Schönes / ~ anderes
nichts	nothing	Ich weiß ~ davon. / Es ist ~ zu sehen. / Ich habe ~ anzuziehen. / Das nützt uns ~.
niemand	nobody, no one	~ ist da / ich sehe ~en / Das kann ~ anderes sein als mein Freund.

Personalpronomen

ich	I	wir	we
du	you	ihr/Sie	you
er	he	sie	they
sie	she	Sie	you
es	it		

Der Mensch
Human beings

Körper
Body

der Kopf, ⁻e	head	den ~ schütteln (= „Nein!") / von ~ bis Fuß / die ~schmerzen
das Gesicht, -er	face	die ~s·züge / der ~s·ausdruck
die Stirn	forehead	die hohe ~ / Falten auf der ~ haben
die Wange, -n	cheek	die rechte ~ / die linke ~ / auf die ~ küssen
blass	pale	~ aussehen / ~ werden
bleich	pale	er ist kreide~
rot werden[1]	blush, go red	vor Verlegenheit ~ ~
der Hals, ⁻e	throat, neck	die ~schmerzen / jdm. um den ~ fallen

1 rot werden: wird rot – wurde rot – ist rot geworden

das Ohr, -en	ear	das rechte ~ / das linke ~ / jdm. etw. ins ~ sagen / die ~en·schmerzen
hören	hear	die Stimme ~ / jdn. kommen ~ / im Alter schlecht ~ / Das habe ich noch nie gehört. / Ich habe gehört, dass … / Er lässt nichts von sich ~.
schwerhörig	hard of hearing	~ sein
taub	deaf	~ sein / ~stumm sein
das Geräusch, -e	sound, noise	ein ~ machen / ein leises ~ hören
der Krach	noise	die Kinder machen viel ~
der Lärm	noise	der Verkehrs~ / viel ~ um nichts
laut	loud, noisy	~ sprechen / ~ lachen / der ~e Motor
leise	quiet	~ sprechen / die ~e Maschine / die Musik ~r stellen
ruhig	calm, quiet	~ sein / ~ bleiben / eine ~e Straße
die Ruhe	rest, peace silence	die Nacht~ / ich brauche ~ / jdn. in ~ lassen / die Un~
still	silent, quiet	~ sein / „Sei ~!" / sich ~ verhalten
die Stille	silence	die feierliche ~ / in aller ~

die Nase, -n	nose	die ~n·spitze / die ~n·löcher
riechen[1]	smell	ich rieche etw. / „Wonach riecht es hier?" / Der Kaffee riecht gut.
der Geruch, ¨e	smell	der schlechte ~ / die Küchen-¨e
der Duft, ¨e	scent	der ~ der Rose
duften	smell nice	die Rose duftet
stinken[2]	stink	Der Käse stinkt. / Hier stinkt es.
atmen	breathe	durch die Nase ~ / ein~ / aus~
der Atem	breath	der reine ~ / außer ~ sein
die Luft	air	die frische ~ / die schlechte ~
das Taschen- tuch, ¨er	handkerchief	das Papier~ / sich mit dem ~ die Nase putzen

1 riechen: riecht – roch – hat gerochen
2 stinken: stinkt – stank – hat gestunken

Auge **6**

das Auge, -n	eye	gute ~n haben / blaue ~n / braune ~n
der Blick, -e	look, glance	ein neugieriger ~ / auf den ersten ~ / mit einem ~ die Lage erfassen
sehen[1]	see, look	aus dem Fenster ~ / hin~ / weg~ / zu~
gucken	look	Guck mal her! / jemanden an~
beobachten	watch, observe	die Sterne ~ / jdn. aus der Ferne ~
schauen	look	„Schau mal!" / jdn. an~
ansehen[1]	look at	Sie sah mich durch die Brille an. / sich den Film ~
anschauen	look at	ein altes Gemälde ~
der Anblick	sight	ein schöner ~
erkennen[2]	recognize	etw. genau ~ / nichts ~ können
die Brille, -n	glasses	die ~ aufsetzen / eine ~ tragen / die ~ abnehmen / die Sonnen~
kurzsichtig	short-sighted	~ sein und eine Brille tragen
blind	blind	~ sein / auf einem Auge ~ sein

1 sehen: ich sehe, er sieht – sah – hat gesehen
2 erkennen: erkennt – erkannte – hat erkannt

7 Farben

▼ 124 Beleuchtung ▼ 148 Malerei ▼ 172 Nacht

die Farbe, -n	colour, paint	die rote ~ / die helle ~ / eine Tube ~ / die dunkle ~ / die frische ~
mischen	mix	verschiedene Farben ~
bunt	coloured, colourful	ein ~er Blumenstrauß / das ~e Kleid
farbig	coloured, colourful	ein ~es Foto / mehr~
gelb	yellow	die Zitrone ist ~ / die Ampel schaltet auf Gelb / im Herbst werden alle Blätter ~
orange [oˈrãːʒə]	orange	ein ~s Band
rot	red	die ~en Rosen / ~e Lippen
rosa	pink	ein ~ Nachthemd
braun	brown	~e Haare / in der Sonne ~ werden
blau	blue	der ~e Himmel / das ~e Meer
grün	green	Die Blätter sind ~. / das ~e Gras / Die Beeren sind noch ~.
weiß	white	die ~en Haare / schnee~ / Sie wurde ganz ~ im Gesicht.
grau	grey	der ~e Himmel / ~e Haare bekommen / die ~e Bluse
schwarz	black	~, rot, gold / tief~
der Schatten, -	shade, shadow	25 Grad im ~ / die ~seite / im ~ sitzen
dunkel	dark	Im Winter wird es früh ~. / ~rot / ~blond / dunkles Haar / dunkle Schatten
die Dunkelheit	darkness	in der ~ nichts sehen können
das Licht, -er	light	das Tages~ / helles ~ / das ~ anmachen
hell	light	~blau / ~blond / ein ~es Zimmer / draußen ist es schon ~

8 Mund

▼ 15 Essen ▼ 22 Trinken ▼ 71 Sprechen

der Mund, ¨er	mouth	den ~ aufmachen / den ~ halten (= still sein)
die Lippe, -n	lip	die Ober~ / die Unter~ / die roten ~n
die Zunge, -n	tongue	die ~ herausstrecken / die ~ zeigen
der Zahn, ¨e	tooth	schöne, weiße ¨e haben / sich die ¨e putzen / die ~schmerzen

das H<u>aa</u>r, -e	hair	die ~farbe / dunkle ~e haben / helles ~ haben / blonde ~e
bl<u>o</u>nd	blond	~e Haare haben / Sie ist ~.
der K<u>a</u>mm, ⸚e	comb	der Taschen~
k<u>ä</u>mmen	comb	die Haare ~ / sich ~
der B<u>a</u>rt, ⸚e	beard	sich einen ~ wachsen lassen / einen ~ tragen / der Schnurr~ / der Voll~
jdn./sich ras<u>ie</u>ren	shave	sich ~ lassen / sich nass ~
der Ras<u>ie</u>r-apparat, -e	razor	sich mit dem ~ rasieren
der Fris<u>eu</u>r, -e [-zø:r] / die Friseurin, -nen	hairdresser	zum ~ gehen / der ~salon / Der ~ schneidet die Haare.
der Coiffeur, -e (schweiz.)	hairdresser	Der ~ schneidet mir die Haare.

der K<u>ö</u>rper, -	body	die ~pflege / der ~teil
die Fig<u>u</u>r, -en	figure	eine gute ~ haben / die schlanke ~
die H<u>au</u>t	skin	die ~farbe / die ~creme / der ~arzt
der M<u>u</u>skel, -n	muscle	die ~kraft / der ~kater (= Schmerzen nach großer Anstrengung)
der Kn<u>o</u>chen, -	bone	der ~bruch
die Sch<u>u</u>lter, -n	shoulder	jdm. auf die ~ klopfen
die Br<u>u</u>st, ⸚e	chest, breast	der ~korb / dem Baby die ~ geben
der B<u>au</u>ch, ⸚e	stomach	der dicke ~ / die ~schmerzen
der R<u>ü</u>cken, -	back	auf dem ~ liegen

das Org<u>a</u>n, -e	organ	die Sinnes~e / die Verdauungs~e
das H<u>e</u>rz, -en	heart	der ~schlag / das ~ schlägt
das Bl<u>u</u>t, ⸚e	blood	das ~ fließt / der ~druck / die ~gruppe
der Kr<u>ei</u>slauf	circulation	~störungen haben
bl<u>u</u>ten	bleed	aus der Nase ~ / Die Wunde blutet.
<u>i</u>nner-	internal	~e Organe / ~e Verletzungen

Organe

der Magen, ⸗	stomach
die Leber, -n	liver
der Darm, ⸚e	intestine(s)
die Galle, -n	gall-bladder
der Blinddarm, ⸚e	appendix
die Lunge, -n	lung

12 Gliedmaßen

▼ 34 Kleidung ▼ 136 Gehen

das Glied, -er	limb	die ~maßen / die ~er·schmerzen
der Arm, -e	arm	der rechte ~ / der linke ~ / sich den ~ brechen / das Kind auf den ~ nehmen
die Hand, ⸚e	hand	die rechte ~ / die linke ~ / jdm. die ~ geben (Begrüßung, Abschied) / die ~arbeit
der Finger, -	finger	der Zeige~ / der Mittel~ / der Ring~ / der kleine ~
der Daumen, -	thumb	jdm. die ~ drücken (= Glück wünschen)
anfassen[1]	touch	etw. ~ / die Tasse ~
das Bein, -e	leg	beide ~e / das rechte ~
das Knie [kniː], -[kniːə]	knee	sich am ~ verletzen / auf die ~ fallen
der Fuß, ⸚e	foot	zu ~ gehen / jdm. auf den ~ treten
die Zehe, -n	toe	die große ~ / auf ~n·spitzen gehen
der Nagel, ⸚	nail	der Finger~ / der Fuß~ / sich die ⸚ schneiden

1 anfassen: ich fasse an, er fasst an – fasste an – hat angefasst

13 Körperpflege

▲ 9 Haare ▼ 153 Schönheit

das Badezimmer, -	bathroom	sich im ~ waschen
die Badewanne, -n	bath(tub)	die ~ reinigen / in der ~ liegen
das Bad, ⸚er	bath(room)	ein warmes ~ nehmen / ein Hotelzimmer mit ~
baden	have a bath/ swim, bath, bathe	in der Wanne ~ / im Fluss ~ / ~ gehen / das Kind ~
die Dusche, -n	shower	ein Zimmer mit ~
(sich) duschen	have a shower	(sich) ~ gehen / (sich) kalt ~
sich waschen[1]	wash	sich die Hände ~ / sich das Gesicht ~

die **Seife**, -n	soap	ein Stück ~ / sich mit ~ waschen
das **Wasser**	water	das kalte ~ / das warme ~ / Das ~ läuft.
der **Wasserhahn**, ¨e	tap, faucet	den ~ aufdrehen / den ~ zudrehen
das **Waschbecken**, -	washbasin	Wasser ins ~ laufen lassen
das **Handtuch**, ¨er	towel	das frische ~ / das saubere ~
abtrocknen	dry	sich waschen und ~ / sich mit dem Handtuch ~
die **Zahnbürste**, -n	toothbrush	sich mit der ~ die Zähne putzen
die **Zahnpasta**, -pasten	toothpaste	eine Tube ~ kaufen
schminken	put on make up	sich ~ / sich vor dem Spiegel ~
die **Zahncreme**, -s	toothpaste	
der **Lippenstift**, -e	lipstick	einen ~ benutzen / ein roter ~
der **Spiegel**, -	mirror	vor dem ~ stehen / in den ~ sehen
das **Parfüm**, -s	perfume	das französische ~ / das teure ~
die **Toilette** [toaˈlɛtə], -n	toilet	die Herren~ / die Damen~ / das ~n·papier
das **WC** [veːˈtseː], -s	WC	Bad und ~
das **Klo**, -s	loo, toilet	aufs ~ gehen
das **Klopapier**	loo paper, toilet paper	eine Rolle ~
besetzt	occupied	Die Toilette ist ~.

1 (sich) waschen: ich wasche, er wäscht – wusch – hat (sich) gewaschen

Schlafen ▼ 172 Tageszeiten **14**

das **Bett**, -en	bed	zu ~ gehen / im ~ liegen / das Doppel~
die **Matratze**, -n	mattress	die harte ~ / die Luft~
weich	soft	die ~e Matratze / das ~e Kissen
das **Laken**, -	sheet	ein sauberes ~ / das ~ wechseln
die **Decke**, -n	blanket, duvet	die Bett~ / sich mit der ~ zudecken
das **Kopfkissen**, -	pillow	ein dickes ~
müde	tired	Ich bin ~. / ~ werden / ~ aussehen
der **Schlafanzug**, ¨e	pyjamas	einen ~ anziehen
das **Nachthemd**, -en	nightdress	ein ~ anhaben
sich **hinlegen**	lie down	sich über Mittag ~
liegen[1]	lie, stay in bed	im Bett ~ / auf der Couch ~ / im Krankenhaus ~ / Nach der Operation musste er eine Woche ~.
einschlafen[2]	go to sleep	schnell ~ / nicht ~ können
schlafen[2]	sleep	gut ~ / schlecht ~ / ~ gehen
der **Schlaf**	sleep	der tiefe ~ / der Mittags~ / die ~tablette / der ~sack

träumen	dream	von etw. ~ / von jdm. ~
der Traum, ⁻e	dream	einen schönen ~ haben / der Alp~ / der ~beruf
der Wecker, -	alarm (clock)	den ~ auf 6 Uhr stellen / Der ~ klingelt.
wecken	wake	jdn. ~ / um 6 Uhr geweckt werden
aufwachen	wake up	früh ~ / zu spät ~ / von etw. ~
wach	awake	~ sein / ~ werden
aufstehen³	get up	morgens früh ~ / um 7 Uhr ~

1 liegen: liegt – lag – hat gelegen
2 (ein)schlafen: ich schlafe (ein), er schläft (ein) – schlief (ein) – ist eingeschlafen/hat geschlafen
3 aufstehen: steht auf – stand auf – ist aufgestanden

TEST

1 Definitionen

1. Die Verbindung von Kopf und Körper: _____

2. Die Oberfläche des Körpers: _____

3. Die Rückseite des Körpers: _____

4. Haare unten am Kopf: _____

5. Rote Flüssigkeit im Körper: _____

6. Der Raum, in dem man sich wäscht: _____

7. Stück Stoff zum Abtrocknen: _____

8. Stück Stoff zum Putzen der Nase: _____

9. Damit putzt man sich die Zähne: _____

10. Bilder, die man im Schlaf sieht: _____

11. Jemand, der nichts sehen kann, ist _____.

12. Jemand, der nichts hören kann, ist _____.

2 Körperteile

Welche Körperteile benutzt man

1. zum Sprechen? _____ 2. zum Hören? _____

3. zum Sehen? _____ 4. zum Riechen? _____

5. zum Laufen? _____

3 Farben

Welche Farben haben normalerweise

1. die Blätter? _____ 2. die Lippen? _____

3. die Zitronen? _____ 4. der Himmel ohne Wolken? _____

5. die Apfelsinen? _____ 6. der Kaffee? _____

4 Gegensätze

1. Helligkeit: _____ 2. weiß: _____ 3. laut: _____

4. duften: _____ 5. wach sein: _____ 6. sich hinlegen: _____

7. rot werden: _____ werden. 8. die schlechte Luft: _____

5 Die 5 Finger heißen:

_____, _____, _____, _____, _____

6 Fügen Sie den Artikel hinzu.

1. _____ Stirn 2. _____ Nase 3. _____ Brille 4. _____ Mund

5. _____ Zahn 6. _____ Bart

Ernährung
Food and diet

(sich) ernähren	feed (oneself)	sich richtig ~ / die Familie ~
das Nahrungs- mittel, -	food	die ~industrie / die Grund~
die Speise, -n	dish, food	die ~karte / die Vor~ / die Süß~
die Lebens- mittel (Pl.)	food	das ~geschäft / die ~abteilung im Supermarkt
der Hunger	hunger	~ haben / großen ~ haben
hungrig	hungry	~ sein / ich bin ~
der Appetit	appetite	„Guten ~!" / mit ~ essen / ~ haben
essen[1]	eat	viel ~ / zu Mittag ~ / gerne Brot ~
satt	full (up)	Ich bin ~. / sich ~ essen
die Mahlzeit, -en	meal	täglich drei ~en / die warme ~
das Essen, -	meal, food	das ~ vorbereiten / das ~ auf den Tisch bringen / zum ~ einladen
das Menü	meal	ein festliches ~
das Frühstück	breakfast	ein Butterbrot zum ~ essen
das Morgenessen (schweiz.)	breakfast	
frühstücken	have breakfast	um 9 Uhr ~
das Mittagessen	lunch	jdn. zum ~ einladen / ein gutes ~
das Abendbrot	supper	~ essen / „Was gibt es zum ~?"
anbieten[2]	offer	etw. zum Trinken ~
vegetarisch	vegetarian	~ essen / sich ~ ernähren

1 essen: ich esse, er isst – aß – hat gegessen
2 anbieten: bietet an – bot an – hat angeboten

16 Brot, Gebäck

das Brot, -e	bread	das Weiß~ / das Schwarz~ / eine Scheibe ~ mit Wurst / ~ backen / Butter aufs ~ streichen
das Brötchen, -	roll	zum Frühstück ~ essen / ein ~ mit Butter und Marmelade
die Semmel, -n (süddt./österr.)	roll	
das Hörnchen, -	croissant	es gibt heute ~ / ~ essen

das Kipferl, -n (österr.)	croissant	
die Butter	butter	frische ~ / ungesalzene ~ / ein Brot mit ~ bestreichen
die Margarine	margarine	~ statt Butter essen / halbfette ~
die Marmelade, -n	jam, marmalade	die Kirsch~ / ein Glas Erdbeer~
die Konfitüre, -n	jam, marmalade	~ kaufen
der Honig	honey	der Bienen~ / ein Glas ~
die Wurst, ¨e	sausage	die Leber~ / die Blut~ / die Mett~
der Käse	cheese	verschiedene ~sorten / der Schweizer ~ / der holländische ~ / der Weiß~
das Gebäck	biscuits, cookies	eine Tasse Kaffee und ~
der Kuchen, -	cake	der Käse~ / der Apfel~ / der Nuss~ / ein Stück ~ essen
die Torte, -n	cake, gateau, flan	die Sahne~ / die Obst~ / die Butter- creme~ / die Schwarzwälder Kirsch~
die Sahne	cream	die Schlag~ / die Kaffee~
der Rahm (süddt.)	cream	
der Pfannkuchen, -	pancake	~ essen / ~ mit Marmelade
das Mehl	flour	das Weizen~ / ein Kilo ~
backen¹	bake	Brot ~ / Kuchen ~
die Bäckerei, -en	baker's, bakery	Brot und Kuchen in der ~ kaufen

1 backen: bäckt/backt – backte – hat gebacken

Fleisch, Geflügel

▼ 165 Haustiere **17**

das Fleisch	meat	das Schweine~ / das Rind~ / mageres ~ / fettes ~
der Braten, -	roast	der Schweine~ / der Rinder~ / Der ~ ist gar. / ein Stück ~ mit Soße
das Steak [steːk], -s	steak	das gut durchgebratene ~
das Kotelett [kɔ'tlɛt], -s	cutlet	das Schweine~ / das ~ braten
das Schnitzel, -	schnitzel	das Kalbs~ / das Schweine~
das/der Gulasch	stew, goulash	~ mit Zwiebeln
das Hackfleisch	mince, ground meat	heute gibt es ~
die Soße/Sauce, -n	sauce, gravy	~ über das Fleisch gießen
der Schinken, -	ham	der geräucherte ~ / der rohe ~ / der ge- kochte ~ / eine Scheibe ~
das Würstchen, -	sausage	Frankfurter ~ / Wiener ~ / ~ mit Senf
das Geflügel	poultry	das ~ schlachten / ~ essen
das Huhn, ¨er	chicken	das Suppen~ / ~ mit Reis

das Hähnchen, -	chicken	das Brat~ / ein halbes ~ essen
das Hendel, - (süddt./österr.)	chicken	das Brat~
das Poulet, -s (schweiz.)	chicken	
das Ei, -er	egg	frische ~er / das gekochte ~ / das ~gelb / das ~weiß
das Fett	fat	das Schweine~ / das Pflanzen~
fett	fat	~es Essen / ~es Fleisch / zu ~
die Brühe	soup, broth	die Hühner~ / die heiße ~
die Suppe, -n	soup	die Nudel~ / die Hühner~ / das ~n·fleisch / der ~n·teller
die Nudel, -n	noodle, spaghetti	die ~suppe / ~n essen
der Kloß, ˝e	dumpling	
der Knödel, -	dumpling	Schweinebraten mit Kartoffel~
die Fleischerei, -en / die Metzgerei, -en	butcher's	in der ~ Suppenfleisch und Wurst kaufen

18 Fisch

der Fisch, -e	fish	frische ~e / freitags ~ essen / das ~filet
die Forelle, -n	trout	~ blau / ~ „Müllerin Art" (gebraten)
der Karpfen, -	carp	der fette ~ / der ~teich
der Hering, -e	herring	der Salz~ / der ~s·salat
die Ölsardine, -n	sardine (in oil)	eine Dose ~n

19 Gemüse

das Gemüse	vegetable(s)	~ kochen / die ~suppe
die Bohne, -n	bean	die grünen ~n
die Fisole, -n (österr.)	bean	
die Erbse, -n	pea	grüne ~n / die ~n·suppe mit Speck
die Mohrrübe, -n / die Möhre, -n / die Karotte, -n	carrot	~n putzen / ~n kochen
die Kartoffel, -n	potato	~n schälen / ~n kochen / die Salz~n / die Brat~n
der Reis	rice	Huhn mit ~ / der Milch~
der Kohl	cabbage	der Sauer~ / die ~köpfe
das Kraut	cabbage	das Weiß~ / das Rot~
die Tomate, -n	tomato	die ~n·soße / die ~n·suppe
die Zwiebel, -n	onion	Leber mit ~n braten / die ~suppe

der Sal<u>a</u>t, -e	salad, lettuce	der grüne ~ / der Kopf~ / der Tomaten~ / der Geflügel~
die G<u>u</u>rke, -n	cucumber	die sauren ~n / der ~n·salat

Obst 20

das <u>O</u>bst	fruit	~ essen / der ~kuchen / der ~garten
die Fr<u>u</u>cht, ¨e	fruit	der ~saft / die Süd~̈e (z.B. Banane)
r<u>ei</u>f	ripe	eine ~e Tomate / das Obst ist ~ / ≠ un~
der <u>A</u>pfel, ¨	apple	einen ~ essen / der ~saft / der ~baum
die B<u>i</u>rne, -n	pear	die saftige ~ / die weiche ~ / der ~n·baum
die K<u>i</u>rsche, -n	cherry	saure ~n / süße ~n
die Pfl<u>au</u>me, -n	plum	der ~n·baum / die reifen ~n
die Zw<u>e</u>tschke, -n	damson	der ~n·kuchen
der Pf<u>i</u>rsich, -e	peach	einen ~ essen
die Aprik<u>o</u>se, -n	apricot	die ~n schmecken süß
die Mar<u>i</u>lle, -n	apricot	
die Joh<u>a</u>nnis-beere, -n	red/black currant	die roten ~n / die schwarzen ~n
die <u>E</u>rdbeere, -n	strawberry	~n pflücken / die Erdbeermarmelade
die N<u>u</u>ss, ¨e	nut	die Wal~ / die Erd~ / ¨e knacken
die Apfels<u>i</u>ne, -n	orange	eine ~ essen / die ~n·schale
die Or<u>a</u>nge, -n	orange	süße ~n / die Blut~n
die Zitr<u>o</u>ne, -n	lemon	der ~n·saft / Tee mit ~ trinken

Nachtisch, Süßigkeiten ▼ 23 Zucker 21

der N<u>a</u>chtisch	dessert	Pudding zum ~ essen
das Dess<u>e</u>rt, -s	dessert	es gibt noch ein ~
die N<u>a</u>chspeise, -n (süddt.)	dessert	
der P<u>u</u>dding, -s/-e	pudding	der Vanille~ / der Schokoladen~
das <u>Ei</u>s	ice(-cream)	das Speise~ / das Sahne~ / ~ am Stiel
das/der Bonb<u>o</u>n [bɔŋ'bɔŋ], -s	sweet	das Pfefferminz~ / ein(en) ~ lutschen
die Schokol<u>a</u>de	chocolate	eine Tafel ~ / ein Stück ~ essen / eine heiße ~ trinken
das Konf<u>e</u>kt	confectionery, sweets, candy	eine Schachtel ~ / ein Stück ~
das Marzip<u>a</u>n	marzipan	die ~schokolade

der Durst	thirst	~ haben / seinen ~ löschen
durstig	thirsty	~ sein / sehr ~
trinken[1]	drink	Saft ~ / eine Tasse Kaffee ~ / Bier ~
das Getränk, -e	drink	eine kaltes ~ / ein warmes ~ / die ~e·karte
das Mineralwasser	mineral water	~ trinken / ein Glas ~
die Kohlensäure	carbonic acid	Mineralwasser mit/ohne ~
die/das Cola	coke	eine Flasche ~ / eine ~ trinken
der Saft, ⁻e	juice	der Apfel~ / der Kirsch~ / ein Glas ~
die Limonade, -n	soft drink, lemonade	süße ~ trinken
die Milch	milk	die Voll~ / die Butter~
der Kaffee	coffee	ein Päckchen ~ / eine Tasse ~ trinken / ~ mit Sahne / die ~kanne
der Tee	tea	ein Päckchen ~ / ~ mit Zucker und Zitrone / der ~löffel / die ~kanne
das Bier	beer	~ trinken / die ~flasche / das ~glas / ein ~ bestellen
der Schnaps, ⁻e	spirit, schnapps	eine Flasche ~ / ein Glas ~
der Weinbrand, ⁻e	brandy	~ trinken
der Wein, -e	wine	der Weiß~ / der Rot~ / das ~glas / die ~flasche / der ~berg / der ~keller
der Sekt	champagne, sparkling wine	die ~flasche / den ~korken knallen lassen
nüchtern	sober	~ sein / nicht mehr ~ sein / ~ bleiben
der Alkohol	alcohol	~ im Blut haben / der ~gehalt des Bieres
betrunken	drunk	~ sein / völlig ~ sein
Prost!	Cheers!	„Prost!"
Gesundheit!	Cheers!	

1 trinken: trinkt – trank – hat getrunken

23 Geschmack

probieren	try, taste	den Wein ~ / „~ Sie mal!"
kosten	taste, try	den Käse ~
der Geschmack	taste	der gute ~ / der süßliche ~
schmecken	taste	gut ~ / schlecht ~ / die Soße ab~ / Das hat mir gut geschmeckt.
ausgezeichnet	excellent	Das Essen war ~. / Der Wein schmeckt ~.
fein	fine, delicate	~ gewürzt / der ~e Zucker / ~e Küche

das Gewürz, -e	spice, seasoning	das scharfe ~ / Pfeffer ist ein ~.
das Salz	salt	das Koch~ / der ~streuer
salzig	salty	Die Suppe ist zu ~.
der Zucker	sugar	~ in den Tee tun / der Würfel~
süß	sweet	~ schmecken / zu ~ / ~e Sachen
der Essig	vinager	eine Flasche ~
sauer	sour	Der Apfel schmeckt ~. / saure Gurken / Die Milch ist ~ geworden.
bitter	bitter	Das schmeckt ~.
der Senf	mustard	der scharfe ~ / Würstchen mit ~
der Pfeffer	pepper	weißer ~ / schwarzer ~ / ~ und Salz

Küche

die Küche, -n	kitchen, cuisine	in der ~ arbeiten / der ~n·tisch / die deutsche ~
der Herd, -e	stove	der moderne ~ / der Elektro~
der Topf, ̈e	saucepan, casserole	den ~ auf den Herd stellen
der Kochtopf, ̈e	(cooking) pot	
kochen	cook, boil, make	Kaffee ~ / eine Suppe ~ / Das Wasser kocht. / Sie kocht ganz ausgezeichnet.
die Bratpfanne, -n	frying pan	Fleisch in der ~ braten
braten¹	fry, roast	das Kotelett ~
grillen	grill	Fleisch ~ / Fisch ~
roh	raw	~es Fleisch / Das Gemüse ist noch ~.
gar	cooked, done	~ kochen / Das Gemüse ist ~.
weich	soft, tender	das Fleisch ~ kochen / ein ~es Ei
warm	warm, hot	~es Wasser / ~es Essen / ~ essen
heiß	hot	der ~e Kaffee / ~er Tee
der Kühlschrank, ̈e	fridge	etw. in den ~ legen
die Dose, -n	can, tin	die Konserven~ / die ~n·milch / eine ~ Mais / eine ~ Erbsen
die Büchse, -n (schweiz.)	box, can, tin	
haltbar sein	keep (well)	„Wie lange ist die Ware ~?"
das Kochbuch, ̈er	cookbook	ein ~ mit vielen guten Rezepten
das Rezept, -e	recipe	ein ~ ausprobieren

1 braten: brät – briet – hat gebraten

das Tuch, ⸚er	cloth	das weiße Tisch~ / das Geschirr~
das Geschirr	crockery, dishes	das ~ abwaschen / die ~spülmaschine
der Teller, -	plate	der flache ~ / der tiefe ~ / der Kuchen~ / ein ~ Suppe
das Besteck, -e	cutlery	das ~ auf den Tisch legen
das Messer, -	knife	mit dem ~ etw. schneiden / das Taschen~
scharf	sharp	das ~e Messer
stumpf	blunt	das ~e Messer
(sich) schneiden[1]	cut	das Fleisch ~ / ein Stück Wurst ab~ / sich in den Finger ~ / Das stumpfe Messer schneidet schlecht.
die Gabel, -n	fork	mit der ~ essen / die Kuchen~
der Löffel, -	spoon	der Ess~ / der Tee~
die Kanne, -n	pot	die Kaffee~ / die Tee~
die Flasche, -n	bottle	die Wein~ / die Bier~ / der ~n·öffner
gießen[2]	pour	Kaffee in die Tasse ~ / ein~ / aus~
voll	full	ein ~es Glas / Die Flasche ist ~ Wein.
leer	empty	eine ~e Flasche / ~ machen / ~ sein
die Tasse, -n	cup	eine Kaffee~ / die Unter~ / eine ~ Tee trinken
das Glas, ⸚er	glass	das Wein~ / „Ein ~ Bier, bitte!" / das ⸚chen
die Schüssel, -n	bowl, dish	die Suppen~
abwaschen[3]	wash up	das Geschirr ~ / die Teller ~
spülen	rinse	das Geschirr in klarem Wasser ~
abtrocknen	dry up	das Geschirr ~

1 schneiden: schneidet – schnitt – hat geschnitten
2 gießen: gießt – goss – hat gegossen
3 abwaschen: ich wasche ab, er wäscht ab – wusch ab – hat abgewaschen

26 Restaurant ▼ 144 Hotel

das Restaurant [rɛsto'rãː], -s	restaurant	ins ~ gehen / im ~ essen / ein gutes ~
das Gasthaus, ⸚er	inn	im ~ Mittag essen / das Land~
die Gaststätte, -n	restaurant	
das Café [ka'feː], -s	café	ins ~ gehen / im ~ Kuchen essen
das Kaffeehaus, ⸚er (österr.)	café	
das Lokal, -e	pub	in ein ~ gehen / im ~ Bier trinken
die Kneipe, -n	pub	sich mit Bekannten in der ~ treffen

die Bar, -s	bar	sich in die ~ setzen / der ~hocker / an der ~ sitzen
der Biergarten, ⁻en	beer garden	abends in den ~ gehen / im ~ sitzen
die Kantine, -n	canteen	in die ~ essen gehen
der Wirt, -e	landlord	der Gast~ // die Wirtin
der Ober, -	waiter	„Herr ~! " / Der ~ bringt das Essen.
der Kellner, -	waiter	
die Bedienung, -en	waitress	als ~ in einem Restaurant arbeiten
der Gast, ⁻e	customer	Die ⁻e sitzen an den Tischen.
bedienen	serve, wait on	Der Kellner bedient die Gäste.
die Speisekarte, -n	menu	„Die ~, bitte!" / Was steht auf der ~?
bestellen	order	das Essen ~ / Wein ~ / einen Tisch ~
zahlen	pay	„Herr Ober, bitte ~!"
das Trinkgeld, -er	tip	~ geben / 10 % ~

Rauchen   27

der Raucher, -	smoker	ein starker ~ / ≠ der Nicht~
die Zigarette, -n	cigarette	~n rauchen / eine Schachtel ~n / jdm. eine ~ anbieten
die Zigarre, -n	cigar	die dicke ~ / die ~n·kiste
die Pfeife, -n	pipe	eine ~ rauchen
der Tabak	tobacco	ein Paket ~ / der Pfeifen~
das Streichholz, ⁻er	match	eine Schachtel ⁻er / das ~ anzünden
das Zündholz, ⁻er (süddt.)	match	
das Feuerzeug, -e	lighter	das Taschen~
anzünden	light	sich eine Zigarette ~
rauchen	smoke	eine Zigarette ~ / Pfeife ~
der Aschenbecher, -	ashtray	den ~ leeren
der Nichtraucher, -	non-smoker	~ sein / nur für ~
die Droge, -n	drug	~n nehmen / ~n·abhängig sein / der ~n·süchtige

TEST

① Wörter zusammenstellen

1. Die Hauptmahlzeiten: _____ , _____ , _____

2. Südfrüchte: _____ , _____

3. Geschirr: _____ , _____ (aus Glas:) _____

4. Technische Einrichtungen in der Küche (zum Kochen:) _____ ,

_____ (zum Frischhalten:) _____

② Definitionen

1. Das Fett der Milch: _____

2. Gewürzte, fette Flüssigkeit, die man über das Fleisch gießt: _____

3. Dem Ober sagen, was er bringen soll: _____

4. Zusätzliches Geld für den Ober: _____

5. Getrocknete Blätter, die man in die Pfeife stopft: _____

③ Synonyme

1. Essen wollen: _____ haben

2. Gern essen: mit _____ essen

3. Konfitüre: _____

4. Trinken wollen: _____ haben

④ Sätze ergänzen

1. Im Hotel fragt der Ober beim Frühstück, was der Gast trinken möchte:

„Möchten Sie _____ (aus Bohnen gemacht) oder _____

(aus getrockneten Blättern gemacht)?"

2. Honig schmeckt _____ , Essig schmeckt _____

3. Man isst die Suppe mit einem _____ , den Braten mit

_____ und _____ , den Pudding mit einem _____

4. Zum Anzünden einer Zigarette kann man ein _____ oder ein

_____ verwenden.

⑤ Ordnen Sie die Wörter.

Wurst, Honig, Torte, Marmelade, Brühe, Kotelett, Marzipan, Pudding,

Hähnchen, Forelle

Schmeckt süß: _____ , _____ , _____ ,

_____ , _____

Schmeckt salzig: _____ , _____ , _____ ,

_____ , _____

28 Gesundheit

die Gesundheit	health	bei guter ~ sein / der ~s·zustand
gesund	well, healthy	~ sein / ~e Zähne haben / sich ~ ernähren / ≠ un~
fit	fit	~ sein / sich ~ halten
schlank	slim	~ sein / ~ werden wollen
zunehmen[1]	put on weight	2 Kilo ~
dick	fat	~ sein / ein ~er Bauch
die Diät, -en	diet	die strenge ~ / eine ~ einhalten
abnehmen[1]	lose weight	~ müssen / ~ wollen
mager	thin, lean	~ sein / ~ aussehen / ~es Fleisch
dünn	thin	nach der Operation ist er ganz ~ geworden
die Kraft, ⁻e	strength	wieder zu ⁻en kommen
kräftig	strong	~e Arme / ~ sein
stark	strong	groß und ~ sein
schwach	weak	~ sein / sich ~ fühlen

1 zunehmen: ich nehme zu, er nimmt zu – nahm zu – hat zugenommen

29 Krankheit

die Impfung, -en	vaccination	eine ~ gegen Grippe
die Krankheit, -en	illness, sickness	an einer ~ leiden / die schwere ~ / die Kinder~
krank	ill, sick	sich ~ fühlen / ~ werden / schwer ~ sein / Der Arzt schreibt den Patienten ~. / sich ~ melden
der/die Kranke, -n	sick person	das ~n·bett / der ~n·wagen
die Kranken-kasse, -n	health insurance scheme/ company	die Privat~ / bei einer ~ versichert sein
fehlen	be wrong / the matter	„Was fehlt Ihnen?"
der Schmerz, -en	pain	~en haben / die Kopf~en / Magen~en
weh tun[1]	hurt	Der Kopf tut mir ~. / Tue dir nicht ~!
leiden[2]	suffer	an einer Krankheit ~ / viel ~ müssen
Aids	AIDS	~ haben / an ~ sterben
das Kondom, -e	condom	Das ~ ist ein sicherer Schutz vor Aids.

1 weh tun: tut weh – tat weh – hat weh getan
2 leiden: leidet – litt – hat gelitten

die Erkältung, -en	cold	eine ~ bekommen
sich erkälten	catch (a) cold	sich im Winter ~ / erkältet sein
sich verkühlen (österr.)	catch a chill	
husten	cough	~ müssen / ~ und niesen
der Husten	cough	~ haben / das ~bonbon
niesen	sneeze	~ müssen / ins Taschentuch ~
der Schnupfen, -	cold	~ bekommen / ~ haben
die Grippe	flu	~ bekommen / ~ haben / die Virus~
das Fieber	temperature, fever	~ bekommen / ~ haben / Das ~ steigt. / das ~thermometer
die Verletzung, -en	injury	die leichte ~ / die schwere ~
(sich) verletzen	hurt, injure	sich den Fuß ~ / bei einem Unfall verletzt werden
der Verletzte, -n	wounded / injured person	der Schwer~ / Tote und ~
(sich etwas) brechen¹	break	sich den Arm ~ / sich das Bein ~
die Wunde, -n	wound	Die ~ blutet. / die ~ verbinden
bluten	bleed	aus der Nase ~ / am Kopf ~

1 brechen: ich breche, er bricht – er brach – er hat gebrochen

die Medizin	medicine	~ studieren
der Arzt, ⁀e	doctor	zum ~ gehen / der praktische ~ / der Haus~ / der Fach~ / der Zahn~ / der Frauen~ // die Ärztin
der Doktor- ,en	doctor	Das Kind wollte nicht zum ~ gehen.
die Praxis, Praxen	practice, surgery, office	die Arzt~ / in die ~ gehen
die Arztpraxis	surgery, doctor's practice/office	
die Ordination, -en (österr.)	surgery, doctor's practice/office	
die Sprechstunde	surgery, consulting hours	Der Arzt hat von 9–12 Uhr ~.
das Wartezimmer, -	waiting room	im ~ sitzen
der Patient [pa'tsi̯ent], -en	patient	Die ~en werden vom Arzt behandelt. / der Privat~ // die Patientin

untersuchen	examine	sich vom Arzt ~ lassen / die Lunge ~
die Unter-suchung, -en	examination	die ~ beim Facharzt / das ~s·ergebnis
das Röntgenbild, -er	X-ray	das ~ auswerten
die Behandlung, -en	treatment	die ~ im Krankenhaus
behandeln	treat	den Kranken ~ / sich ~ lassen
der Verband, ⁼e	bandage, dressing	einen ~ anlegen / den ~ erneuern
verbinden¹	bandage, dress	die Wunde ~ / den Arm ~
die Spritze, -n	injection	jdm. eine ~ geben / eine ~ bekommen
der Krankenwagen, -	ambulance	einen ~ rufen
das Kranken-haus, ⁼er	hospital	ins ~ kommen / im ~ liegen
das Spital, ⁼er (süddt./österr.)	hospital	ins ~ müssen
die Klinik, -en	clinic	die Privat~ / in die ~ eingeliefert werden
operieren	operate	sich ~ lassen / am Magen operiert werden
die Operation, -en	operation	die schwere ~ / eine Magen~ / der ~s·saal / der ~s·tisch
die Kranken-schwester, -n	nurse	die ~ pflegt die Kranken / die ~ rufen
der Kranken-pfleger, -	(male) nurse	
pflegen	care for	den Kranken ~
sich verschlechtern	get worse, deteriorate	Der Gesundheitszustand verschlechtert sich.
die Besserung	improvement	eine leichte ~ / „Gute ~!"
sich erholen	recover	sich langsam von einer Krankheit ~
aussehen²	look	krank ~ / wieder viel besser ~ / gut ~
der Rollstuhl, ⁼e	wheelchair	im ~ fahren

1 verbinden: verbindet – verband – hat verbunden
2 aussehen: sieht aus – sah aus – hat ausgesehen

32 Apotheke

▼ 125 Geschäft

die Apotheke, -n	chemist's, pharmacy	Medikamente in der ~ kaufen
das Rezept, -e	prescription	ein Medikament nur auf ~ bekommen
verschreiben¹	prescribe	ein Medikament ~
das Mittel, -	medicine, remedy	ein ~ gegen Grippe / ein ~ für die Verdauung
das Medikament, -e	medicine	ein ~ einnehmen / das ~ ist wirksam
die Tablette, -n	tablet	die Schlaf~ / eine ~ einnehmen

die Pille, -n	pill	die ~ nach dem Essen einnehmen / Viele Frauen nehmen die ~.
wirken	work, have an effect, take effect	Die Tablette wirkt gegen Kopfschmerzen.
die Salbe, -n	ointment	die Wund~ / die ~ dünn auftragen
die Creme [kre:m], -s	cream	die Sonnen~ / die Haut~
das Pflaster, -	plaster	ein ~ auf die Wunde kleben
die Drogerie [drogə'ri:], -n [-ri:ən]	chemist's, drugstore	Seife in der ~ kaufen

1 verschreiben: verschreibt – verschrieb – hat verschrieben

TEST

❶ Definitionen

1. Jemand, der Medizin studiert hat und Kranke behandelt: _____

2. Jemand, der zum Arzt geht: _____

3. Dort warten die Patienten: _____

4. Ein Stück Papier, auf das der Arzt die Medikamente schreibt: _____

5. Dort kauft man Medikamente: _____

6. Haus, wo Kranke längere Zeit im Bett liegen: _____

7. Sie pflegt die Kranken: _____

8. Wieder zu Kräften kommen nach einer Krankheit: _____

❷ Gegensätze

1. gesund: _____ 2. stark: _____

3. schlank: _____ 4. zunehmen: _____

❸ Kreuzworträtsel

Waagerecht:

1. Dort sind Kranke längere Zeit.

2. Das tut der Arzt, um die Krankheit festzustellen.

3. Er behandelt Zähne.

4. Gegensatz zu „Krankheit".

5. Chemisches Mittel, das der Gesundheit dient.

Senkrecht:

6. Nicht gesund.

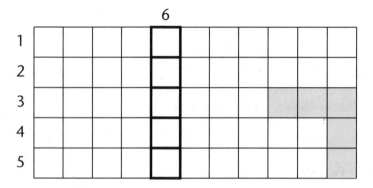

❹ Synomyme (Wörter mit ähnlicher Bedeutung)

1. mager: _____

2. sich erkälten: _____

3. der Arzt: _____

4. das Krankenhaus: _____ / _____

Kleidung
Clothing

die Kl<u>ei</u>dung	clothes, clothing	die Ober·be~ / ein ~s·stück / die Winter~
der <u>A</u>nzug, ⁻e	suit	der Herren~ / der dunkle ~
die J<u>a</u>cke, -n	jacket	die ~ anziehen / die ~ ausziehen / die Leder~
die H<u>o</u>se, -n	trousers	die lange ~ / die kurze ~ / die Unter~ / die ~n·tasche
die Jeans [dʒi:nz] (Pl.)	jeans	die ~hose / die ~ anziehen
der G<u>ü</u>rtel, -	belt	der Leder~ / den ~ umbinden
das H<u>e</u>md, -en	shirt	ein weißes ~ / das Ober~ / das Unter~
das <u>T</u>-Shirt, -s [ti -]	T-shirt	ein ~ anziehen
die Kraw<u>a</u>tte, -n	tie	sich eine ~ umbinden / eine ~ tragen
das Kost<u>ü</u>m, -e	(ladies') suit	ein Damen~ / das Karnevals~
das Kl<u>ei</u>d, -er	dress	ein schönes ~ anhaben / das Sommer~ / ~er machen Leute.
der R<u>o</u>ck, ⁻e	skirt	einen ~ anhaben / der Mini~
die Bl<u>u</u>se, -n	blouse	eine ~ aus reiner Baumwolle
der Pull<u>o</u>ver, -	pullover, sweater	ein warmer ~ / der Rollkragen~
der Kr<u>a</u>gen, -	collar	der Roll~ / der Hemd~ / der Mantel~
der <u>Ä</u>rmel, -	sleeve	der lange ~ / der kurze ~
der Kn<u>o</u>pf, ⁻e	button	den ~ zumachen / das ~loch / einen ~ annähen
die T<u>a</u>sche, -n	pocket	die Hosen~ / etw. in die ~ stecken
die H<u>a</u>ndtasche, -n	handbag	die ~ unterm Arm haben

der H<u>u</u>t, ⁻e	hat	den ~ aufsetzen / einen ~ aufhaben / den ~ abnehmen
die M<u>ü</u>tze, -n	cap	die Basken~ / die Pudel~
der M<u>a</u>ntel, ⁻	coat	der warme Winter~ / der Regen~
der Sch<u>a</u>l, -s	scarf	einen ~ umbinden
der H<u>a</u>ndschuh, -e	glove	ein Paar ~e / die Leder~e
die <u>U</u>nterwäsche	underwear	saubere ~
das <u>U</u>nterhemd, -en	vest, undershirt	ein weißes ~
die <u>U</u>nterhose, -n	underpants	eine warme ~
der Sl<u>i</u>p, -s	briefs	einen ~ anziehen

der Unterrock, ⸚e	petticoat	einen ~ tragen
der Strumpf, ⸚e	stocking, sock	ein Paar ⸚e / die ~hose
die Socke, -n	sock	die Söckchen / wollene ~n
der Schuh, -e	shoe	der Halb~ / die ~größe / bequeme ~e
der Stiefel, -	boot	ein Paar ~ / die Reit~ / die Ski~
das Leder, -	leather	das weiche ~ / die ~hose / die ~jacke
der Schuhmacher, -/	shoemaker	die Schuhe beim ~ reparieren lassen
der Schuster, -		

35 Anziehen, ausziehen ▲ 14 Schlafen

die Garderobe, -n	cloakroom, checkroom, clothes	den Mantel an der ~ abgeben / auf seine ~ achten
anziehen[1]	put on	sich ~ / die Jacke ~ / warme Schuhe ~
anhaben[2]	wear	einen Regenmantel ~ / einen Pullover ~ / ein Kleid ~
(sich) umziehen[1]	get changed, change	sich zum Weggehen ~
(sich) ausziehen[1]	undress	den Mantel ~ / die Schuhe ~ / sich ~
nackt	naked	~ sein / sich ~ ausziehen / ~ baden

1 anziehen: zieht an – zog an – hat angezogen
2 anhaben: hat an – hatte an – hatte angehabt

36 Wäsche

die Wäsche	washing, underwear, (bed)clothes	~ waschen / die saubere ~ / die Bett~
die Wasch- maschine, -n	washing machine	die ~ anstellen / die ~ ausstellen
das Waschpulver	washing powder	ein Paket ~ kaufen
schmutzig	dirty	die ~e Wäsche / das ~e Handtuch / sich die Hände ~ machen
der Fleck, -en	stain, spot, mark	einen ~ in der Jacke haben / den ~ entfernen
sauber / rein	clean	~e Wäsche / ~e Strümpfe
waschen[1]	wash	die Wäsche ~ / gründlich ~
spülen	rinse	die Wäsche ~ / kalt ~
trocknen	dry	die Wäsche ~ lassen
bügeln	iron	die Unterwäsche ~ / die Hosen ~
das Bügeleisen, -	iron	das ~ einschalten / Das ~ ist heiß.

die Reinigung, -en	dry cleaner	die Hose zur ~ bringen
reinigen	dry-clean	den Anzug ~ lassen
die Bürste, -n	brush	die Kleider~ / die Schuh~

1 waschen: wäscht – wusch – hat gewaschen

Nähen   37

nähen	sew	einen Rock ~ / den Knopf an~
die Näh-	sewing	die elektrische ~
maschine, -n	machine	
die Nadel, -n	needle	~ und Faden / die Näh~
die Handarbeit, -en	needlework	Frauen machen gern ~en
die Schere, -n	scissors	mit der ~ den Stoff schneiden
der Stoff, -e	material	der Kleider~ / der Woll~
die Baumwolle	cotton	ein Unterhemd aus ~
die Wolle	wool	ein Pullover aus ~ / die Schur~
anprobieren	try on	den Anzug ~ / die Jacke ~
eng	tight	Die Jacke ist zu ~.
passen	fit	Die Jacke passt. / Die Schuhe ~.
das Loch, ¨er	hole	das Knopf~ / ein ~ im Strumpf
die Mode, -n	fashion	die neueste ~ / die ~n·schau
der Trend, -s	trend	der neue ~ / dem ~ folgen
chic/schick	chic, smart	eine ~e Lederjacke / sich ~ anziehen
elegant	elegant	eine ~e Dame / ein ~er Mantel
hübsch	pretty	ein ~es Kleid / die ~e Bluse, ein ~es Mädchen

Schmuck   ▼ 153 Geschmack   38

der Schmuck	jewellery	das ~stück / der Mode~
der Ring, -e	ring	einen ~ am Finger haben / der Trau~
das Armband, ¨er	bracelet	das goldene ~ / ein ~ tragen
die Kette, -n	necklace	eine ~ tragen / die schöne ~
das Gold	gold	der ~schmuck / ein Ring aus ~
das Silber	silver	ein Ohrring aus ~
die Perle, -n	pearl	die ~n·kette
der Edelstein, -e	jewel, precious stone	ein Ring mit einem ~
der Diamant, -en	diamond	ein wertvoller ~ / der ~ring
der Juwelier, -e	jeweller	das ~geschäft / beim ~ Schmuck kaufen

TEST

1 **Ergänzen Sie.**

1. Zum Schneiden des Stoffes benutzt man eine _____.

2. Einen Pullover macht man aus _____.

3. Im Theater lässt man den Mantel an der _____.

4. Schmuck kauft man beim _____.

5. Der Ring ist aus einem gelben Metall: der Ring ist aus _____.

2 **Gegensätze**

1. sauber: _____

2. anziehen: _____

3. Die Hose muss geändert werden: die Hose _____

3 **Ordnen Sie in der richtigen Reihenfolge.**

bügeln, waschen, trocknen, spülen

_____ – _____ – _____ – _____

Wohnen
How people live

der Ort, -e	place	der Wohn~ / der ~s·name / der Vor~
der Vorort, -e	suburb	im ~ wohnen, die ~e von Berlin
wohnen	live, stay	in München ~ / „Wo ~ Sie?" / Sie wohnt im Hotel „Bayerischer Hof".
die Stadt, ¨e	town	die Groß~ / die Klein~ / die Alt~ / die Innen~ / der ~teil / in die ~ gehen
städtisch	municipal	das ~e Krankenhaus
der Stadtplan, ¨e	town/city plan	ein ~ von Berlin
das Zentrum, Zentren	centre/center	im Stadt~ wohnen
die Innenstadt, ¨e	town centre/ city center	in der ~ einen Parkplatz suchen
zentral	central	~ gelegen
die Umgebung, -en	surrounding area	die ~ der Stadt / die schöne ~ von Berlin
das Dorf, ¨er	village	auf dem ~ wohnen / ein kleines ~
die Zone, -n	zone	die Fußgänger~

das Gebäude, -	building	ein großes ~ / das Fabrik~
der Wohnblock, -s	block of flats, apartment house	in einem ~ wohnen
das Haus, ¨er	house	das Wohn~ / das Hoch~ / ein Einfamilien~ kaufen / nach ~e gehen
der Balkon [bal'ko:n], -e	balcony	auf dem ~ sitzen / der Süd~
die Terrasse, -n	terrace, patio	auf der ~ Kaffee trinken
das Erdgeschoss, -e	ground floor, (US) first floor	im ~ wohnen / Die Wohnung befindet sich im ~.
das Parterre (süddt.)	ground floor, (US) first floor	
die Etage [e'ta:ʒə], -n	storey	die erste ~ / die zweite ~
der Stock/ das Stockwerk, -e	storey	im ersten ~ wohnen / Das Haus ist neun Stockwerke hoch.
die Treppe, -n	stairs, staircase	die ~ hinaufgehen / die Roll~
die Stiege, -n (österr.)	stairs, staircase	

die St<u>u</u>fe, -n	stair, step	die ~n hinabgehen / Vorsicht ~!
der <u>Au</u>fzug, ¨e	lift	den ~ benutzen / mit dem ~ in den fünften Stock fahren
der L<u>i</u>ft, -e	lift, elevator	den ~ nehmen
das D<u>a</u>ch, ¨er	roof	das spitze ~ / das flache ~ / ein Zimmer unter dem ~ / die ~kammer
der K<u>e</u>ller, -	cellar	in den ~ gehen / die ~treppe
der H<u>o</u>f, ¨e	(back)yard, courtyard	der Hinter~ / Kinder spielen im ~.
der H<u>au</u>smeister, -	caretaker, janitor	den ~ holen / Der ~ repariert den Wasserhahn.

41 Tür, Fenster

die T<u>ü</u>r, -en	door	vor der ~ stehen / die ~ aufmachen / die ~ zumachen / die Haus~ / die Zimmer~
die T<u>ü</u>rklinke, -n	door handle	auf die ~ drücken
<u>o</u>ffen	open	die ~e Tür / die Tür steht ~ / Das Geschäft ist bis 18 Uhr ~.
<u>au</u>f sein[1]	be open	Die Tür ist auf. / Das Fenster ist auf.
geschl<u>o</u>ssen	shut, closed	Die Tür ist ~. / Das Geschäft ist ~.
dr<u>au</u>ßen	outside	~ stehen / ~ warten
kl<u>o</u>pfen	knock	an die Tür ~ / an~ / Es hat geklopft.
kl<u>i</u>ngeln	ring the bell	an der Tür ~ / Es hat geklingelt.
l<u>äu</u>ten	ring	dreimal ~
die Kl<u>i</u>ngel, -n	bell	auf die ~ drücken
die Gl<u>o</u>cke, -n (süddt.)	bell	
<u>au</u>fmachen / <u>ö</u>ffnen	open	die Tür ~ / das Fenster ~
z<u>u</u>machen / schl<u>ie</u>ßen[2]	shut, close	die Tür ~ / das Fenster ~
z<u>u</u>sperren (österr.)	lock	das Tor ~
der Schl<u>ü</u>ssel, -	key	der Haus~ / der Auto~
abschl<u>ie</u>ßen[2]	lock (up)	die Tür ~
z<u>u</u> sein[1]	be shut/closed	Die Tür ist ~.
das Schl<u>o</u>ss, ¨er	lock	das Tür~ / das Sicherheits~
st<u>e</u>cken	put, be	den Schlüssel ins Schloss ~ / Der Schlüssel steckt (im Schloss).
der <u>Ei</u>ngang, ¨e	entrance	der Haupt~ / am ~ / der ~ zum Museum
die <u>Ei</u>nfahrt, -en	entrance, driveway	~ freihalten! / die ~ zur Garage
her<u>ei</u>nkommen[3]	enter	ins Zimmer ~
der <u>Au</u>sgang, ¨e	exit	den ~ suchen / der Not~
verl<u>a</u>ssen[4]	leave	das Zimmer ~ / das Haus ~

das Fenster, -	window	durch das ~ sehen
das Glas, ⸚er	glass	die ~scheibe / das Fenster~ / „Vorsicht, ~!" / Das ~ ist kaputt.
die Gardine, -n	curtain	die ~n zuziehen / neue ~n aufhängen
drinnen	inside	Er sah zum Fenster hinein, konnte aber ~ nichts erkennen.

1 auf sein: ist auf – war auf – ist auf gewesen

2 schließen: schließt – schloss – hat geschlossen

3 hereinkommen: kommt herein – kam herein – ist hereingekommen

4 verlassen: ich verlasse, er verlässt – verließ – hat verlassen

Wohnung   42

die Wohnung, -en	flat, apartment	die 2-Zimmer-~ / die Miet~
der Gang, ⸚e	corridor	der lange ~ / der ~ zum Badezimmer
das Zimmer, -	room	das Wohn~ / das Kinder~ / ein ~ mit Dusche und Kochnische
der Raum, ⸚e	room	ein großer ~
die Halle, -n	hall	die Eingangs~ / die Turn~
der Fußboden, ⸚	floor	den ~ fegen
der Teppich, -e	carpet	der wertvolle ~ / der Perser~
die Decke, -n	ceiling	die Zimmer~ / die hohe ~
die Wand, ⸚e	wall	die vier ⸚e / Bilder an die ~ hängen
die Ecke, -n	corner	Das Regal steht in der ~.
die Tapete, -n	wallpaper	die bunte ~ / neue ~n ankleben
einrichten	furnish (one's home)	die Wohnung ~ / sich schön ~
gemütlich	comfortable	eine ~e Wohnung / sich ~ einrichten / ≠ un~
das Zuhause	home	mein ~

Möbel   43

das Möbel, -	furniture	das ~stück / moderne ~ / die Stil~
der Tisch, -e	table	am ~ sitzen / der runde ~ / der Schreib~
der Hocker, -	stool	der Bar~ / auf einem ~ sitzen
der Stuhl, ⸚e	chair	auf dem ~ sitzen / der Küchen~
der Sessel, -	armchair	der bequeme ~
die Couch [kautʃ], -s	couch, sofa	auf der ~ sitzen / der ~tisch
das Kissen, -	cushion	das weiche ~ / das Kopf~
die Bank, ⸚e	seat, bench	die Küchen~ / die Ofen~ / die Park~
der Sitz, -e	seat	der Vorder~ im Auto / der Rück~
der Platz, ⸚e	seat	~ nehmen / der Sitz~ / Ist dieser ~ noch frei?

sich hinsetzen	sit down	sich einen Moment ~
(sich) setzen	sit down	sich auf den Stuhl ~ / sich in den Sessel ~
sitzen[1]	sit	auf dem Stuhl ~ / bequem ~
bequem	comfortable	es sich ~ machen / ein ~er Sessel
aufstehen[2]	get up, stand up	~ und sich verabschieden
stehen[2]	stand	vor der Tür ~ / am Fenster ~
der Schrank, ⸚e	cupboard, closet	der Wohnzimmer~ / der Kleider~
der Kasten, ⸚ (süddt.)	cupboard, closet	
das Regal, -e	shelf	das Bücher~ / ein ~ aufstellen
möbliert	furnished	das ~e Zimmer

1 sitzen: sitzt – saß – hat gesessen
2 aufstehen: steht auf – stand auf – ist aufgestanden

44 Heizung ▼ 156 Kaltes Wetter

die Heizung, -en	heating	die Zentral~ / die Gas~ / die Öl~
der Ofen, ⸚	stove	die ~heizung / am ~ sitzen
der Schornstein, -e	chimney	Der ~ raucht. / der ~feger
heizen	heat	die Wohnung ~ / mit Öl ~
warm	warm	das Zimmer ~ machen / Es ist ~.
die Wärme	warmth	eine angenehme ~
die Klimaanlage, -n	air-conditioning	die ~ einschalten
kalt	cold	Es ist ~. / Mir ist ~. / sehr ~ / ~e Füße
frieren[1]	freeze	an den Füßen ~ / er~

1 frieren: friert – fror – hat gefroren

45 Haushalt ▲ 24 Küche ▲ 36 Waschen

der Haushalt, -e	household, housekeeping	die ~s·geräte / den ~ führen
die Hausfrau, -en	housewife	eine gute ~
schmutzig	dirty	Der Teppich ist ~. / etw. ~ machen
der Staub	dust	mit dem ~tuch ~ wischen
sauber machen	clean	die Wohnung ~ ~ / das Badezimmer ~~
putzen	clean	die Fenster ~
wischen	wipe	den Fußboden ~ / den Tisch ab~
der Besen, -	broom, brush	mit dem ~ fegen / der ~stiel
fegen	sweep	die Küche aus~
sauber	clean	Die Wohnung ist ~. / die Küche ~ machen

der Müll	rubbish, garbage	der ~eimer / etw. in den ~ werfen
der Abfall, ¨e	rubbish, garbage	den ~ in die Mülltonne werfen
der Mülleimer, -	dustbin, garbage can	Abfälle in den ~ werfen
durcheinander	in a mess/ muddle	Alles liegt ~.
aufräumen	tidy up	das Zimmer ~ / den Schreibtisch ~
ordentlich	tidy	~ sein / Alles ist ~.
die Ordnung	order, tidyness	~ halten / ~ machen / die ~s·liebe
ordnen	arrange, organize	die Papiere ~ / die Wäsche ~

Hausbau

der Architekt, -en	architect	Der ~ plant das Haus.
der Grundriss, -e	plan	der ~ des Hauses
der Bau, die Bauten	construction, building	mit dem ~ beginnen / die ~stelle / der ~herr / der ~arbeiter / ein ~ aus den 70er Jahren
bauen	build	ein Haus ~ / das alte Haus um~
die Mauer, -n	wall	die dicke ~
der Beton [be'tɔŋ]	concrete	eine Mauer aus ~
der Ziegel, -	brick, tile	die ~steine / die Dach~

Mieter

das Mietshaus, ¨er	block of (rented) flats/ apartments	ein großes ~ / in einem ~ wohnen
der Makler, -	estate agent, realtor	die Wohnung über einen ~ bekommen
die Vermittlungs-gebühr, -en	commission	Der Makler verlangt eine hohe ~.
vermieten	rent (to s.o.)	eine Wohnung ~ / „Haus zu ~"
der Vermieter,-	landlord	mit dem ~ sprechen
der Mieter, -	tenant	alle ~ des Hauses // die Mieterin
der Bewohner, -	tenant, inhabitant	der Haus~ / die Mit~ grüßen
mieten	rent (from s.o.)	eine Wohnung ~ und beziehen
der Mietvertrag, ¨e	rental/tenancy agreement	einen ~ abschließen / den ~ kündigen
die Miete, -n	rent	„Wie hoch ist die ~?" / die ~ bezahlen
wohnen	live	in Köln ~ / im Hochhaus ~
der Nachbar, -n	neighbour	ein freundlicher ~ // die Nachbarin
einziehen[1]	move in	in die Wohnung ~

ausziehen[1]	move out	aus der Wohnung ~
umziehen[1]	move	nach München ~ / in eine Neubau-wohnung ~
der Umzug, ⁻e	move, removal	der ~ nach Hannover
die Unterkunft, ⁻e	accommo-dation	eine ~ finden / jdm. ~ gewähren

1 einziehen: zieht ein – zog ein – ist eingezogen

48 Brand, Feuerwehr

der Brand, ⁻e	fire	in ~ geraten / den ~ löschen
brennen[1]	burn, be on fire	Das Feuer brennt. / Das Haus brennt.
das Feuer, -	fire	das ~ löschen / Das ~ vernichtete viele Häuser.
der Rauch	smoke	die ~wolke / Der ~ steigt auf.
die Feuerwehr, -en	fire brigade/department	die ~ alarmieren / der ~mann
löschen	put out, extinguish	das Feuer ~ / den Brand ~

1 brennen: brennt – brannte – hat gebrannt

TEST

1 Ergänzen Sie.

1. Köln hat 1 Million Einwohner; Köln ist eine _____, Wiesbach hat

nur 1 000 Einwohner; Wiesbach ist ein _____. 2. Im Kaufhaus

braucht man keine Treppen zu steigen; man benutzt entweder den

_____ oder die _____. 3. Der Teppich liegt auf dem

_____; die Lampe hängt an der _____; die Tapeten kleben

an der _____. 4. Der Rauch kommt aus dem _____.

5. Wenn die Heizung an ist, ist das Zimmer _____. 6. In einem kalten

Zimmer wird man bald _____.

❷ Definitionen

1. Haus mit Wohnungen: _____ 2. Geld, das der Mieter jeden Monat

an den Hauseigentümer bezahlt: _____ 3. Heller, durchsichtiger Stoff

vor den Fenstern: _____ 4. Buntes Papier an den Wänden:

_____ 5. Teppiche in die neue Wohnung legen, Tapeten ankleben,

Möbel aufstellen: _____ 6. In eine andere Wohnung ziehen:

_____ 7. Leute, die in der Nebenwohnung wohnen: _____

❸ Gegensätze

1. der Eingang: der _____ 2. sich hinsetzen: _____

3. warm: _____ 4. schmutzig machen: _____

5. aufmachen: _____ 6. draußen: _____

7. einziehen: _____

❹ Plurale

1. eine Stadt, zwei _____ 5. ein Raum, zwei _____

2. ein Dorf, zwei _____ 6. ein Stuhl, zwei _____

3. ein Haus, zwei _____ 7. ein Schrank, zwei _____

4. ein Hof, zwei _____ 8. ein Ofen, zwei _____

49 Charakter

der Charakter [ka'raktɐ]	character	der ~ eines Menschen / einen guten ~ haben
die Eigenschaft, -en	quality, characteristic	eine Charakter~ / eine gute ~
die Gewohnheit, -en	habit	etw. aus ~ tun / eine ~ haben
(sich) gewöhnen	get used (to)	sich an etw. ~ / gewöhnt sein etw. zu tun
das Gefühl, -e	feeling, emotion	seine ~e zeigen / ein gutes ~ / das ~ haben, dass etw. passieren wird
fühlen	feel	einen Schmerz ~ / sich glücklich ~ / sich schlecht ~
die Stimmung, -en	mood	in guter ~ sein / die schlechte ~
die Laune	mood	die gute ~ / schlechte ~ haben / Sie ist heute guter ~.
die Psychologie	psychology	~ studieren

50 Angenehme Gefühle ▼ 94 Liebe ▼ 120 Erfolg ▼ 179 Hoffnung

angenehm	pleasant	~e Reise! / ein ~er Mensch
das Glück	happiness, luck	jdm. ~ wünschen / zum ~ / das ~s-gefühl
glücklich	happy	~ sein / jdn. ~ machen / „Ein ~es neues Jahr!" / ≠ un~
froh	glad	Ich bin ~ darüber. / ein ~es Ereignis
zufrieden	content, satisfied	~ sein / Ich bin damit ~. / einen ~en Eindruck machen
wohl	well, good	sich ~ fühlen / ~tätig
das Wohl	well-being	das ~ der Familie / „Zum ~e!"
sich freuen	be pleased	sich über die Geschenke ~ / sich auf die Ferien ~ / Es freut ihn, dass ...
die Freude, -n	joy	eine große ~ / jdm. eine ~ machen / Das macht mir ~.
sich amüsieren	have a good time	sich gut ~ / sich auf dem Fest ~
fröhlich	cheerful, happy	ein ~es Kind / ~ singen / ~ sein
der Humor	humour	Sinn für ~ haben / viel ~ haben
lächeln	smile	freundlich ~ / jdm. zu~ / ironisch ~ / ~d grüßen / über jdn. ~
lustig	funny	~ sein / sich über jdn. ~ machen / ein ~er Clown

lachen	laugh	laut ~ / über etw. ~ / sich tot~ über etw. / über jdn. ~
das Vergnügen	pleasure	Das bereitet mir ~. / „Viel ~!"
der Spaß, ¨e	fun	einen ~ machen / Das Spiel macht ~. / „Viel ~!" / Das macht mir ~.
der Witz, -e	joke	einen ~ erzählen / über einen ~ lachen
komisch	funny	ein ~er Einfall / ein ~er Kerl
albern	silly	ein ~es Mädchen / sehr ~ sein
lächerlich	ridiculous	sich ~ machen / Das finde ich ~.

Unangenehme Gefühle ▼ 86 Tod   ▼ 96 Streiten   ▼ 120 Misserfolg **51**

enttäuschen	disappoint	jdn. ~ / von etw. enttäuscht sein / eine ~de Erfahrung
das Unglück	unhappiness	ein großes ~ / Bei einem Zug~ kamen zwei Menschen ums Leben.
das Pech	bad luck	~ haben / der ~vogel
die Sorge, -n	worry	~n haben / sich ~n um die Zukunft machen / jdm. ~n machen
sorgen	worry	sich um jdn. ~ / sich um die Kinder ~ / für jdn. ~ / dafür ~, dass alles klappt
ernst	serious	ein ~es Gesicht machen / ein ~es Problem / etw. ~ nehmen
traurig	sad	~ sein / ein ~es Gesicht machen / ~ aussehen / eine ~e Nachricht
weinen	cry, weep	~ müssen / um jdn. ~ / jdn. be~
die Träne, -n	tear	~n in den Augen haben / die ~n fließen / sich die ~n abwischen
klagen	complain, moan	jdm. sein Leid ~ / Die Patientin klagt über Schmerzen.
ach!	oh!	„~ Gott!" / „~, das tut mir leid!"
schade	a pity	es ist ~ / „~, dass sie nicht kommt!"
bedauern	regret	etw. ~ / jdn. ~ / „Du bist zu ~!"
trösten	console, comfort	jdn. ~ wollen / das weinende Kind ~
die Verzweiflung	despair	etw. aus ~ tun / jdn. zur ~ bringen

Gefahr ▼ 107 Krieg   ▼ 109 Polizei **52**

die Gefahr, -en	danger	sich in ~ bringen / außer ~ sein / Sein Vorhaben ist in ~. / in Lebens~ sein / etw. auf eigene ~ tun
gefährlich	dangerous	sehr ~ / Das ist mir zu ~. / ein ~es Abenteuer

die Lebensgefahr	mortal danger	sich in ~ bringen / in ~ sein
der Alarm, -e	alarm	~ auslösen / den ~ hören
schlimm	bad	Die Wunde sieht ~ aus. / Das ist ~.
das Risiko, Risiken	risk	Das ~ ist zu groß. / das ~ auf sich nehmen / jedes ~ vermeiden
drohen	threaten	jdm. ~ / mit Strafe ~ / sich bedroht fühlen
das Opfer, -	victim, casualty	den ~n helfen / viele ~ sind zu beklagen
warnen	warn	jdn. vor einer Gefahr ~ / „Ich möchte Sie ~!"
Achtung!	Watch out! Attention! On your marks!	„~, Lebensgefahr!" / „~, fertig, los!"
aufpassen	pay attention	„Pass auf!" / „Du sollst ~!" / auf die Kinder ~ / beim Radfahren gut ~
vorsichtig	careful	~ sein / ~ fahren / ≠ un~
die Vorsicht	care, caution	~s·maßnahmen treffen / ~! Die Straße ist glatt.
der Notruf, -e	emergency call/number	Der ~ hat die Nummer 110.
der Notausgang, ¨e	emergeny exit	Wo ist hier der ~?
die Hilfe	help	um ~ rufen / „~!" / die ~leistung / erste ~ leisten
retten	save, rescue	jdn. aus Lebensgefahr ~ / sich ~
die Rettung, -en	rescue	das ~s·boot
schützen	protect	sich vor Kälte ~ / jdn. be~
der Schutz	protection	~ suchen / ~ finden / die ~farbe
sicher	safe	~ sein / sich ~ sein / ~ fahren /der ~ste Weg zum Erfolg / ≠ un~
die Sicherheit	safety, certainty	sich in ~ bringen / in ~ sein / ≠ die Un~
sichern	protect, make secure	sich ~ / die Tür ~

53 Angst, Mut

die Angst, ¨e	fear	vor etw. ~ haben / vor ~ zittern / „Du brauchst keine ~ zu haben!"
ängstlich	anxious, timid	~ sein / sich ~ verstecken / ein ~es Kind
(sich) fürchten	be afraid	sich vor etw. ~ / Er fürchtet, dass er zu spät kommt.
unheimlich	eerie, sinister, uncanny, weird	das ist mir ~

furchtbar	awful, terrible	ein ~es Unglück / Das ist ~. / Das ist ~ traurig.
schrecklich	awful, terrible	eine ~e Nachricht / eine ~e Katastrophe
der Schreck, -en	shock, fright	einen ~ bekommen / vor ~
erschrecken	frighten	jdn. ~ / „Du hast mich erschreckt!"
zittern	tremble	vor Angst ~ / Die Hände ~ ihm.
der Feigling, -e	coward	Er ist ein ~. / sich wie ein ~ benehmen
wagen	dare	etw. ~ / zu viel ~
aufs Spiel setzen	risk	sein Leben ~ ~ ~
das Selbstvertrauen	self-confidence	das nötige ~ haben / kein ~ haben
mutig	brave, bold	~ sein / eine ~e Tat
der Mut	courage	~ zeigen / ~ haben / jdm. ~ machen
tapfer	brave courageous	~ sein / die Krankheit ~ ertragen

TEST

① Welche Wörter passen zusammen?

vorsichtig, weinen, sich freuen, ängstlich

1. lachen: _____ 2. Gefahr: _____

3. Tränen: _____ 4. Feigling: _____

② Gegensätze

1. Gute Laune: _____ 2. Glück: _____ 3. zufrieden:

_____ 4. lachen: _____ 5. glücklich: _____

6. ängstlich: _____ 7. vorsichtig: _____

8. Gefahr: _____ 9. tapfer sein: ein _____ sein.

③ Definitionen

1. Übertrieben lustig: _____ 2. Übertrieben mutig: _____

3. Sehr lachen: sich _____ 4. Nur wenig lachen: _____

5. Eine kurze Geschichte zum Lachen: _____ 6. Viel Spaß haben:

sich _____ 7. Die größte Gefahr für einen Menschen: _____

Ethik, Religion
Ethics and religion

54 **Ethik, Moral** ▼ 91 Gutes Benehmen ▼ 94 Liebe ▼ 108 Verbrechen ▼ 119 Helfen, schaden

die Ethik	ethics	die christliche ~
die Moral	morality, morals	die christliche ~ / die strenge ~
das Gewissen	conscience	ein gutes ~ haben / ein schlechtes ~ / ein ruhiges ~ / ~s·bisse haben
die Pflicht, -en	duty	seine ~ erfüllen / Das ist meine ~. / das ~bewusstsein
gut/besser/der beste	good/better/best	eine ~e Tat / ein ~er Mensch / ~mütig sein
edel	noble, honourable	ein edler Mensch / das ist ~
menschlich	human	sich ~ zeigen / irren ist ~ / ≠ un~
das Mitleid	pity, sympathy	~ haben mit jdm. / ~ zeigen
tolerant	tolerant	~ sein / ~ gegenüber jdm. / ≠ in~
schlecht	bad	in ~er Gesellschaft sein / Das finde ich ~.
böse	wicked	eine ~e Tat
die Schuld	fault, blame, guilt	Das ist meine ~. / jdm. die ~ geben / die ~ auf sich nehmen / das ~gefühl / schuld sein / Schuld haben
bereuen	regret, repent (of)	eine Sünde ~ / die böse Tat ~ / bitter ~

55 **Religion**

die Religion, -en	religion	die christliche ~ / der ~s·unterricht
christlich ['krɪstlɪç]	Christian	der ~e Glaube / die ~e Nächstenliebe
das Christentum	Christianity	das ~ ist über 2000 Jahre alt
fromm	devout, pious	ein ~er Christ / ein ~er Mensch
glauben	believe	an Gott ~ / an das Gute im Menschen ~
die Bibel, -n	the Bible	in der ~ lesen / eine ~stelle zitieren
der Gott, ¨er	God	der liebe ~ / „~ sei Dank!"
heilig	holy	die ~e Messe / der ~e Georg
die Seele, -n	soul	die unsterbliche ~ / ein Herz und eine ~
die Sünde, -n	sin	eine ~ begehen / seine ~n beichten
der Himmel, -	heaven	in den ~ kommen
die Hölle, -n	hell	in die ~ kommen
der Teufel, -	devil	ein Werk des ~s
der Hinduismus	Hinduism	
der Buddhismus	Buddhism	

der Islam	Islam	
der Koran	the Koran	den ~ lesen
das Judentum	Judaism	

Kirche

die Kirche, -n	church	die christliche ~ / eine ~ aus dem 18. Jahrhundert / eine barocke ~
die Konfession, -en	denomination	„Welcher ~ gehören Sie an?"
evangelisch	Protestant	~ sein
reformiert	reformed, Protestant	die ~e Kirche
protestantisch	Protestant	katholische und ~e Christen
katholisch	Catholic	~ sein / die ~e Kirche
der Pfarrer, -	parish priest, vicar, minister	der Gemeinde~ / mit dem ~ sprechen
der Priester, -	priest	der katholische ~ / ein guter ~ sein
der Dom, -e	cathedral	der Kölner ~ / der gotische ~
die Glocke, -n	bell	die ~n läuten / die Kirchen~n
der Gottesdienst, -e	(church) service	den ~ besuchen
die Messe, -n	mass	die heilige ~ / zur ~ gehen
das Gebet, -e	prayer	ein ~ sprechen / das Abend~
beten	pray	zu Gott ~ / das Vaterunser ~
der Feiertag, -e	(public) holiday	der kirchliche ~ / die Weihnachts~e
Weihnachten	Christmas	sich auf ~ freuen / „Fröhliche ~ !"
der Karneval	carnival	der ~s·verein
der Fasching	carnival	der ~s·umzug
der Karfreitag	Good Friday	der ~s·gottesdienst
Ostern	Easter	die Osterferien / das Osterei / der Osterhase
Pfingsten	Whitsun	Bald ist ~.

TEST

1 Definitionen

1. Christentum, Islam, Buddhismus sind _____. 2. Ein Vergehen gegen Gottes Gebote: _____ 3. Großes Gebäude für den Gottesdienst:

_____ 4. Sehr große Kirche: _____ 5. Der katholische

Gottesdienst: _____ 6. Der Ort, wo der Teufel ist: _____

7. Jemand, der auch andere Religionen achtet, ist _____. 8. Jemand, der an Gott glaubt, ist _____. 9. Jemand, der viele gute Eigenschaften hat, ist _____.

② Kirchliche Feiertage

1. 25. Dezember: _____ 2. Der Tag, an dem Christus gekreuzigt wurde: _____ 3. Der Tag der Auferstehung Christi: _____

4. Das Fest 50 Tage nach Ostern: _____

③ Gegensätze

1. gut: _____ 2. menschlich: _____ 3. tolerant: _____

4. eine gute Tat: _____ 5. evangelisch: _____

④ Wortpyramide

1. nicht böse

2. der Herr der Welt

3. an Gott gerichtete Worte

4. hängt im Kirchturm

5. für wahr halten

6. innere Stimme, die mir sagt, was gut und böse ist

1	G			
2	G			
3	G			
4	G			
5	G			
6	G			

Wille
Will and intention

die Möglichkeit, -en	possibility	viele ~en haben / Es gibt nur zwei ~en.
entweder ... oder ...	either ... or	~ heute ~ morgen / ~ er ~ ich
alternativ [1]	alternative	~e Vorschläge prüfen
ankommen [1] auf	depend on	Es kommt darauf an.
vorziehen [2]	prefer	die eine Möglichkeit ~
ausschließen [3]	exclude, rule out	eine Möglichkeit ~ / Das ist völlig ausgeschlossen.
wählen	choose, select	zwischen zwei Möglichkeiten ~ / Ich wähle dieses Kleid.
die Entschei-dung, -en	decision	eine ~ treffen
entscheiden [4]	decide, make up one's mind	alleine ~ / sich für etw. ~ / sich gegen etw. ~ / sich endlich ~ / ein ~des Argument
sich entschließen [5]	decide, make up one's mind	sich zu etw. ~
beschließen [5]	decide	~ etw. zu tun / über etw. ~ / Maßnah-men ~ / Wir haben beschlossen, dass ...
der Entschluss, ¨e	decision	einen ~ fassen / ein schwieriger ~
die Absicht, -en	intention	Das ist meine ~. / etw. mit ~ tun
der Wille	will, intention	mein fester ~ / der freie ~ / der gute ~ / seinen ~n durchsetzen
wollen [6]	wish (to), want (to)	helfen ~ / „Wie Sie ~!" / Lehrerin werden ~
vorhaben [7]	intend, have plans	etw. ~ / „Was haben Sie heute vor?"
entschlossen sein	be determined	fest ~ ~, etw. zu tun
der Plan, ¨e	plan	einen ~ haben / einen ~ ausführen
das Projekt, -e	project	an einem ~ arbeiten / ein neues ~
planen	plan	die Arbeit ~ / eine Reise ~
die Lust	desire	~ haben etw. zu tun / Ich hätte ~ dazu.
der Zweck, -e	purpose	„Zu welchem ~?" / Es hat keinen ~. / einem ~ dienen
damit	thereupon; so that	~ verließ er das Zimmer / „Schließe die Fenster, ~ es nicht zieht!"
um zu	(in oder) to	viel arbeiten, um Geld zu verdienen
sowieso	anyway	ich gehe ~ noch zur Post

1 ankommen: kommt an – kam an – ist angekommen
2 vorziehen: zieht vor – zog vor – hat vorgezogen
3 ausschließen: schließt aus – schloss aus – hat ausgeschlossen
4 entscheiden: entscheidet – entschied – hat entschieden
5 sich entschließen: entschließt sich – entschloss sich – hat sich entschlossen
6 wollen: will – wollte – hat gewollt
7 vorhaben: hat vor – hatte vor – hat vorgehabt

58 Bitte, Befehl ▼ 105 Militär ▼ 116 Arbeitgeber

sich wenden an	turn	sich mit einer Bitte an jdn. wenden
beraten[1]	advise, give advice	sich vom Fachmann ~ lassen / den Kunden gut ~ / gut ~ werden
der Rat (Ratschläge)	(piece of) advice	jdn. um ~ fragen / jdm. einen ~ geben / den ~ befolgen
der Vorschlag, ⁼e	suggestion	ein guter ~ / jdm. einen ~ machen / den ~ annehmen
vorschlagen[2]	suggest, propose	jdm. etw. ~ / „Was schlägst du vor?"
überreden	persuade	jdn. zu etw. ~ / sich ~ lassen
beeinflussen	influence, affect	jdn. ~ / sich ~ lassen / Die Technik beeinflusst den Menschen.
der Einfluss, ⁼e	influence	einen großen ~ haben / ~ ausüben
bitten	ask, request	jdn. um etw. ~
die Bitte, -n	request	eine ~ haben / eine ~ aussprechen / eine ~ erfüllen / eine ~ abschlagen
lassen[3]	have (s.th. done)	jdn. rufen ~ / jdn. zu etw. veran~ / „Lass das Rauchen!"
sollen	should, ought to	Sie soll kommen. / „Was soll ich machen?" / „Soll ich?" / Das soll bis nächste Woche fertig sein? / Du solltest lieber hingehen.
beauftragen	entrust, order	jdn. mit etw. ~
die Anordnung, -en	order	eine ~ des Chefs
die Anweisung, -en	instruction	jdm. ~en geben / die ~ befolgen
auffordern	ask, call on s.o.	jdn. zu etw. ~ / aufgefordert werden
die Aufforderung, -en	request, demand	eine ~ der Polizei / einer ~ nachkommen / sich einer ~ widersetzen
verlangen	demand	etw. energisch ~ / Ich verlange, dass … / am Telefon verlangt werden
möglichst	if possible; as … as possible	~ bald / ~ schnell / Wir brauchen ein Zimmer, ~ mit eigener Dusche.
dringend	urgent	Das muss ~ geschehen. / jdn. ~ sprechen wollen

bestimmen	fix, decide (on)	alles allein ~ / einen Termin ~
der Befehl, -e	order	einen ~ geben / den ~ ausführen
zwingen[4]	force	jdn. zu etw. ~ / jdn. ~ etwas zu tun

1 beraten: ich berate, er berät – beriet – hat beraten
2 vorschlagen: ich schlage vor, er schlägt vor – schlug vor – hat vorgeschlagen
3 lassen: ich lasse, er lässt – ließ – hat gelassen
4 zwingen: zwingt – zwang – hat gezwungen

Zustimmung, Gehorsam ▼ 73 Bejahung **59**

die Zustimmung, -en	agreement	seine ~ geben / die ~ haben
einverstanden	agreed, in agreement	„~!" / Ich bin mit allem ~.
nicken	nod	mit dem Kopf ~
abmachen	agree	einen Termin ~ / „Abgemacht!"
positiv	positive	eine ~e Antwort / ~ reagieren
dafür	in favour	ich bin ~ / sich ~ aussprechen
meinetwegen	as far as I'm concerned	„~, ich habe nichts dagegen."
die Erlaubnis	permission	um ~ bitten / die ~ geben / die ~ bekommen / die ~ haben
die Genehmigung, -en	permission	die ~ beantragen / die ~ erhalten
genehmigen	approve	einen Antrag ~
erlauben	allow, permit	jdm. etw. ~ / ~ etw. zu tun
möglich	possible	das ist schon ~ / es wäre ~ /≠ un~
lassen[1]	let	jdn. hereinkommen ~ / Das kann ich nicht zu~. / keinen Widerspruch zu~ / sich nichts gefallen ~ / Die Sache lässt sich regeln.
dürfen[2]	be allowed to, may	„Darf ich hereinkommen?"
gern/lieber/am liebsten	like/prefer/ like best	„Ich trinke lieber Wasser." / etw. am liebsten tun / ≠ ungern
prima	great	Das ist ~! / Das finde ich ~.
brauchen	need (to)	nichts mehr tun ~
müssen[3]	have to, must	arbeiten ~ / sich beeilen ~ / Das muss sein.
gehorchen	obey	dem Befehl ~ / jdm. ohne Widerspruch ~

1 lassen: ich lasse, er lässt – ließ – hat gelassen
2 dürfen: darf – durfte – hat gedurft
3 müssen: muss – musste – hat gemusst

dagegen	against	ich bin ~ / etw. ~ haben / ~ stimmen
das Bedenken, -	reservation, doubt	ich habe ~ / ~ äußern
zögern	hesitate	mit etw. ~ / noch ~ / ohne zu ~
negativ	negative	ein ~er Bescheid / ~ reagieren
ablehnen	turn down, reject	einen Vorschlag ~ / die Verantwortung ~ / einen Antrag ~ / es ~, etwas zu tun
die Ablehnung, -en	disapproval, rejection	auf ~ stoßen / die ~ des Vorschlags
protestieren	protest	gegen etw. ~ / heftig ~
der Protest, -e	protest	~ einlegen / die ~versammlung
die Demon- stration, -en	demonstration	eine ~ für oder gegen etw. organisieren / eine ~ findet statt
der Widerstand, ¨e	resistance	~ leisten / ~ gegen die Staatsgewalt
sich weigern	refuse	sich ~, etwas Unrechtes zu tun / ich weigere mich entschieden
das Verbot, -e	ban	ein ~, aussprechen / ein ~ beachten
verbieten[1]	forbid	jdm. etw. ~ / streng verboten
unmöglich	impossible	„Das ist leider ganz ~!"
verhindern	prevent	einen Streit ~ / das Unglück ~
der Kompromiss, -e	compromise	einen ~ suchen / der ~vorschlag / einen ~ finden

1 verbieten: verbietet – verbot – hat verboten

TEST

1 **Ordnen Sie die folgenden Wörter.**

(Beginnen Sie mit dem schwächsten Begriff und enden Sie mit dem stärksten.)

1. Bitte, Aufforderung, Vorschlag, Befehl, Rat:

_____, _____, _____, _____, _____

2. Protest, Ablehnung, Widerstand, Bedenken:

_____, _____, _____, _____

2 **Gegensätze**

1. dafür sein: _____ sein. 2. die Ablehnung: _____

3. zustimmen: _____ 4. das Verbot: _____

5. verbieten: _____

3 **Welches Substantiv gehört zu den Verben?**

1. wollen: der _____ 2. planen: der _____

3. beraten: die _____ 4. befehlen: der _____

5. bitten: die _____ 6. auffordern: die _____

7. beeinflussen: die _____ 8. erlauben: die _____

9. ablehnen: die _____ 10. protestieren: der _____

11. verbieten: das _____ 12. entscheiden: die _____

13. vorschlagen: der _____ 14. genehmigen: die _____

Denken
Thinking

61 Geist

der Geist, -er	intellect	der menschliche ~
die Vernunft	reason	die kritische ~
vernünftig	sensible, reasonable	„Sei doch ~!"
der Verstand	mind	einen klaren ~ haben / der scharfe ~
intelligent	intelligent	~ sein / jdn. für ~ halten
klug	clever, wise	~ sein / sich ~ verhalten / ein ~er Schüler / Es wäre ~, dies nicht zu tun.
dumm	stupid, silly	eine ~e Antwort geben / ein ~er Schüler / eine ganz ~e Sache /„Es war ~, das zu tun."/ „Jetzt wird mir das aber doch zu ~!"
die Phantasie, -n	imagination	eine lebhafte ~ haben / mit viel ~
(sich) vorstellen	imagine	sich etw. ~ / „Das kann ich mir nicht ~."
die Vorstellung, -en	idea, imagination	sich von etw. eine klare ~ machen
die Illusion, -en	illusion	sich ~en machen
die Wirklichkeit	reality	die ~ sehen / in ~
wirklich	real	das ~e Leben / Deine Idee ist ~ die beste.
der Einfall, ⁝e	idea	einen guten ~ haben
die Idee, -n	idea	„Ich habe eine ~!" / Das war keine gute ~.
einfallen¹	think of	Mir ist etwas eingefallen.
der Gedanke, -n	thought	einen ~ fassen / ein guter ~ / seine ~n äußern / in ~n (versunken) sein
denken²	think	an etw. ~ / logisch ~
nachdenken²	reflect	über den Vorschlag ~ / lange ~
(sich) überlegen	consider, think about	sich etw. lange ~ / Diese Alternative wäre zu ~.
sich konzentrieren	concentrate	sich auf seine Arbeit ~
logisch	logical	ein ~er Gedankengang / ≠ un~
kritisch	critical	sich ~ äußern / sehr ~ sein / ≠ un~
die Kritik, -en	criticism	an etw. ~ üben / ~ äußern / Der Film bekam gute ~en.
realistisch	realistic	etw. ~ beurteilen
sachlich	objective	~ argumentieren / ≠ un~
analysieren	analyse	die Situation ~ / die Einzelheiten ~
trennen	separate, distinguish between	die Begriffe ~ / Das lässt sich nicht ~.

der Philosoph, -en	philosopher	Kant war ein großer deutscher ~.
der Sinn	meaning, sense	nach dem ~ fragen / der ~ des Textes
das Sprichwort, ⁻er	proverb	ein altes ~ / Wie das ~ sagt: ...

1 einfallen: fällt ein – fiel ein – ist eingefallen
2 denken: denkt – dachte – hat gedacht

Aufmerksamkeit, Interesse _____ **62**

die Aufmerksamkeit	attention	um ~ bitten / die ~ auf sich ziehen
aufmerksam	attentive	~ zuhören / jdn. auf etw. ~ machen / ≠ un~
achten	pay attention	auf etw. ~ / auf die Fehler ~
angehen¹	concern	Das geht dich nichts an.
bemerken	notice	etw. ~ / nichts ~
beachten	observe, (take) notice (of)	den Hinweis ~ / jede Kleinigkeit ~
neugierig	inquisitive, curious	Ich bin ~. / ein ~er Blick
das Interesse, -n	interest	lebhaftes ~ zeigen / großes ~ / wenig ~ finden / Das ist ohne ~ für mich. / Sie hat viele ~n.
interessieren	interest	sich für etw. ~ / Das Buch interessiert mich sehr. / an etw. interessiert sein
interessant	interesting	ein ~es Buch / Ich finde das sehr ~. /Das ist ja hoch~. / ≠ un~
auffällig	conspicuous	Es ist sehr ~. / ≠ un~
wichtig	important	sehr ~ sein / eine ~e Frage / ≠ un~
wesentlich	fundamental	der ~e Unterschied / Das ist ~ besser. / ≠ un~
Haupt-	main	Die ~sache ist, dass ... / das ~problem
merkwürdig	strange	ein ~er Mensch / eine ~e Geschichte / Das finde ich sehr ~.
seltsam	strange	seine Stimme klingt ~
originell	original	ein ~er Einfall / ein ~er Vorschlag
unbedeutend	unimportant	eine ~e Einzelheit
nebenbei	incidentally, in passing	etw. ~ machen / ~ gesagt / ~ bemerkt
die Nebensache, -n	minor detail, beside the point	sich mit ~n aufhalten / „Das ist ~."
langweilig	boring	~ sein / ein ~er Film
egal	of no importance	Mir ist das ~. / völlig ~

1 angehen: geht an – ging an – ist angegangen

das Problem, -e	problem	Ich habe ein ~. / das ~ lösen
die Schwierig-keit, -en	difficulty	mit ~en rechnen / ~en machen / die ~en überwinden
schwierig	difficult	eine ~e Aufgabe / ein ~es Problem
kompliziert	complicated	eine ~e Frage / eine ~e Aufgabe / ≠ un~
einfach	simple	eine ~e Erklärung finden / Das ist ganz ~.
leicht	easy	eine ~e Frage / Das Problem ist ~ zu lö-sen. / eine ~e Operation / ~e Arbeiten
die Lösung, -en	solution	nach einer ~ suchen / eine ~ finden
lösen	(re)solve	das Problem ~ / das Rätsel ~
die Meinung, -en	opinion	Das ist meine persönliche ~. / seine ~ sagen / seine ~ ändern / Wir sind ver-schiedener ~. / meiner ~ nach / jdm. deutlich die ~ sagen
die Ansicht, -en	view	meiner ~ nach / Ich bin anderer ~. / Er ist der ~, dass...
der Eindruck, ⁻e	impression	Mein ~ ist: ... / Ich habe den ~, dass ... / einen guten ~ machen
erscheinen[1]	seem, appear	Das Thema erscheint mir schwierig.
die Über-zeugung, -en	conviction	die eigene ~ / die politische ~ / der ~ sein, dass ...
der Standpunkt, -e	point of view	das ist mein ~ / einen ~ vertreten
grundsätzlich	absolutely, basic(ally), fundamen-tal(ly)	~ bin ich anderer Meinung. / Das ist von ~er Bedeutung.
glauben	believe	Ich glaube, dass ... / „Das ist kaum zu ~."
meinen	think, believe	Ich meine, dass ... / „Was ~ Sie?" / „Gut!", meinte sie. / Er meint das ganz anders.
finden[2]	find, think	Ich finde das richtig.
vermuten	suspect, suppose, presume	etw. ~ / Ich vermute das nur. / Er vermutet, dass ...
annehmen[3]	assume, presume	Ich nehme einmal an, dass ...
die Vermutung, -en	suspicion, supposition	eine ~ haben / Die ~ ist zutreffend.
behaupten	claim, maintain	etw. ~ / Er behauptet, dass ...
die Behauptung, -en	claim	Die ~ ist richtig. / eine falsche ~

1 erscheinen: erscheint – erschien – ist erschienen

2 finden: findet – fand – hat gefunden

3 annehmen: ich nehme an, er nimmt an – nahm an – hat angenommen

der Bew<u>ei</u>s, -e	proof, (piece of) evidence	den ~ liefern / ~e haben
bew<u>ei</u>sen[1]	prove	die Richtigkeit ~ / die Behauptung ~
der Gr<u>u</u>nd, ⸚e	reason	die ⸚e nennen / gute ⸚e haben
begr<u>ü</u>nden	give reasons for	den Vorschlag ~ / den Antrag ~
die Begr<u>ü</u>ndung, -en	reason(s)	eine ~ verlangen / die ~ geben
das Argum<u>e</u>nt, -e	argument	ein gutes ~ / die ~e entkräften
war<u>u</u>m	why	„~ hast du das getan?" / ~ wohl? / Er sagte nicht, ~ er gehen wollte.
wesh<u>a</u>lb	why	~ wartest du noch?
wies<u>o</u>	why	~? / Ich verstehe nicht, ~ …
w<u>ei</u>l	because	…, ~ das wahr ist. / …, ~ ich keine Zeit habe.
d<u>e</u>nn	for, because	…, ~ es ist wahr. / …, ~ ich habe keine Zeit.
d<u>e</u>shalb	this is why, for this reason	…, ~ ist sie nicht gekommen.
d<u>e</u>swegen	this is why, for this reason	…, ~ funktioniert das nicht.
d<u>a</u>her	hence, so, therefore	Das kommt ~, dass …
dar<u>u</u>m	for this reason	…, ~ ist es leider unmöglich.
w<u>e</u>gen	because of, on account of	~ des schlechten Wetters / des Erfolgs ~ etw. tun
z<u>u</u>stimmen	agree with/to	einem Vorschlag ~ / jdm. ~
r<u>i</u>chtig	correct	Die Behauptung ist ~. / Das ist ~.
r<u>e</u>cht	(all) right; very	Es ist mir ~, wenn er später kommt. / Recht haben / „Du hast Recht." / ≠ Un~ haben / jdm. Recht geben
R<u>e</u>cht	right	„Du hast ~." ≠ Un~ haben / jd. ~ geben
st<u>i</u>mmen	be true/correct	Es stimmt, dass … / Das Argument stimmt.
überz<u>eu</u>gen	convince	jdn. ~ können / Ich bin überzeugt, dass …
ber<u>ü</u>cksichtigen	take account of, consider	eine Anmeldung ~
(sich) wider-spr<u>e</u>chen[2]	contradict	„Da muss ich Ihnen ~ !" / Er widerspricht sich immer.
der <u>Ei</u>nwand, ⸚e	objection	ein berechtigter ~
<u>a</u>ber	but	Das ist möglich, ~ nicht sicher. / „Das ist ~ schade!" / „~ gern!"
widerl<u>e</u>gen	refute, disprove	ein Argument ~ / Das ist nicht zu ~.

| falsch | false | eine ~e Aussage / Das ist ~. |

1 beweisen: beweist – bewies – hat bewiesen
2 widersprechen: ich widerspreche, er widerspricht – widersprach – hat widersprochen

65 Zweifel ▲ 63 Vermutung ▼ 76 Wahrheit sagen, lügen

zweifeln	doubt, have doubts	an etw. ~
der Zweifel, -	doubt	~ haben / ohne jeden ~
vielleicht	perhaps, maybe	~ gelingt es. / ~ hat sie Glück. / Kommt sie ~ zum Kaffee?
wohl	probably	Es ist ~ schon zu spät.
eventuell	possibly	Ich komme ~ etwas später.
möglich	possible	„Das ist schon ~." / ≠ un~
scheinen[1]	seem, appear	Sie scheint krank zu sein.
dünken (schweiz.)	seem	Das dünkt mich falsch.
angeblich	supposedly, allegedly	Sie ist ~ krank. / Er war ~ nicht zu Hause.
der Irrtum, ⁓er	mistake, error	Das ist ein ~. / einen ~ zugeben
sich irren	make a mistake, be mistaken	Ich habe mich geirrt. / „Sie ~ sich!" / Wenn ich mich nicht irre, sollten wir erst um 5 Uhr kommen.
das Missverständnis, -se	misunderstanding	Das ist nur ein ~. / ein ~ aufklären
missverstehen[2]	misunderstand	„Sie haben mich missverstanden."
verwechseln	confuse, get mixed up, mistake	zwei Dinge ~ / die Briefe ~ / jdn. ~
das Vorurteil, -e	prejudice	~e haben / Das ist nur ein ~. / gegen ~e kämpfen
die Kontrolle, -n	check	eine ~ durchführen
prüfen	check	die Ergebnisse ~ / etw. über~ / nach~
feststellen	discover, detect, find out, establish	einen Irrtum ~ / nichts ~ können / Stelle bitte die neue Adresse fest. / Ich möchte ~, dass dies für mich auf keinen Fall in Frage kommt.
wahrscheinlich	probable	Er kommt ~ noch. / ≠ un~
gewiss	certain	Sie kommt ganz ~. / ≠ un~
tatsächlich	indeed, in fact	Es ist ~ so. / Ich habe mich ~ geirrt.
die Tatsache, -n	fact	die ~n kennen / Die ~n beweisen es.
anscheinend	apparently	Sie hat den Termin ~ vergessen.
jedenfalls	at any rate	Ich habe euch ~ so verstanden.

1 scheinen: scheint – schien – hat geschienen
2 missverstehen: missversteht – missverstand – hat missverstanden

unklar	unclear	Das ist mir ~.
unverständlich	incompre-hensible	Das ist mir ~. / völlig ~
erklären	explain	Ich will dir alles ~. / jdm. etw. genau ~ / Das erklärt alles.
die Erklärung, -en	explanation	eine ~ suchen / dafür eine ~ geben
aufklären	solve, clear up	ein Missverständnis ~ / ein Verbrechen ~
der Sinn	sense, meaning	den ~ der Sache verstehen
die Stellung-nahme, -n	statement	eine ~ zu dem Vorfall abgeben / mit der Bitte um ~
nämlich	namely, actually, in fact	Es war ~ so: ... / Er hat ~ gesagt, ...
verursachen	cause	einen Unfall ~ / den Schaden ~
die Ursache, -n	cause	die ~n suchen / die ~n kennen / „Vielen Dank!" – „Keine ~!"
die Wirkung, -en	effect	~ haben / ohne ~ bleiben
wirken	have an effect, be effective	gut ~ / Die Drohung wirkt.
der Zweck, -e	purpose, point	„Zu welchem ~?" / Das hat keinen ~.
das Beispiel, -e	example	ein ~ geben / ein gutes ~ / zum ~
konkret	concrete	ein ~es Beispiel / im ~en Fall
klar	clear	~ machen / ~ stellen / „Ist das ~?" / eine ~e Antwort geben
deutlich	clear	etw. ~ machen / ein ~er Hin-weis / jdm. ~ die Meinung sagen
verstehen[1]	understand	die Gründe ~ / alles gut ~ / Es ist so laut, dass ich sie kaum verstehe.
das Verständnis	comprehension	~ zeigen / ~ haben für etw. / kein ~ dafür aufbringen
der Zufall, ¨e	chance, fate	Das ist nur ein ~. / So ein ~! / durch ~

1 verstehen: versteht – verstand – hat verstanden

Bedingung, Folgerung   **67**

die Bedingung, -en	condition	eine ~ stellen / nur unter der ~, dass ... / mit den ~en einverstanden sein
die Voraus-setzung, -en[1]	condition, prerequisite	Das ist eine wichtige ~. / unter der ~, dass ...
sich beziehen[1]	refer	sich auf den Vorschlag ~ / sich auf ein Gespräch ~
abhängen[2]	depend	vom Angebot ~ / vom Wetter ~
abhängig	dependent	von jdm. ~ sein / sich ~ fühlen

wenn	if	~ das stimmt, ... / ..., ~ es möglich wäre
annehmen[3]	presuppose, presume	Einmal Folgendes angenommen: ...
jedoch	however	Das ist ~ falsch.
allerdings	certainly; though	Das war ~ ein Fehler. / Ich bin ~ anderer Meinung.
obwohl	although	Sie arbeitet, ~ sie erkältet ist.
zwar	admittedly; to be precise	Ich bin ~ nicht reich, aber ... / Die Prüfungen finden schon bald statt, und ~ schon nächste Woche.
trotzdem	nevertheless	Sie hat wenig Zeit, kommt aber ~.
trotz	despite	~ aller Bedenken / ~ des Regens
die Konsequenz, -en	consequence	Die ~en sind klar. / die ~en aus etw. ziehen / Das hat ~en!
die Folgerung, -en	conclusion	eine ~ ziehen
also	so	Es hat ~ keinen Zweck?
folglich	therefore	Es ist schon spät, ~ wird sie nicht mehr kommen.
dass	that	Es ging alles so schnell, ~ ...
sodass	so that	Sie nahm sich viel Zeit, ~ sie nicht rechtzeitig ankam.

1 sich beziehen: bezieht sich – bezog sich – hat sich bezogen
2 abhängen: hängt ab – hing ab – hat abgehangen
3 annehmen: ich nehme an, er nimmt an – nahm an – hat angenommen

68 Vergleich

der Vergleich, -e	comparison	einen ~ anstellen / ein ~ zwischen zwei Texten / Im ~ zu ihr geht es ihm viel besser.
vergleichen[1]	compare	zwei Texte ~ / zwei Angebote ~ / vgl. Seite 5
wie	as, like	listig ~ ein Fuchs / so groß ~ ich / ebenso groß ~ ich
als	than (comparative)	größer ~ ich / schneller ~ die anderen
so	so, such	~ ein Mann / ~ einer / ~ etwas / ~ meine ich das nicht! / ~ tun, als wäre nichts gewesen.
die Übereinstimmung, -en	agreement	~en feststellen / die ~ der Meinungen / Es besteht keine ~ zwischen den Vorschlägen.
gleich	equal, the same	von ~er Größe / ~e Ansichten haben / am ~en Tag / „Mir ist das ganz ~."

derselbe, dieselbe, dasselbe	the same	denselben Film mehrmals sehen / ein und dasselbe
auch	also	Der Ausflug findet ~ bei Regen statt. / „Ich gehe hin. Du ~?" / nicht nur ..., sondern ~ ... / sowohl als ~
genauso	just as, equally	~ viel / ~ aussehen wie seine Mutter
ebenfalls	likewise, as well	~ kommen
gleichfalls	likewise, also	„Danke, ~!"
ebenso	just as/like	~ groß / Ich denke ~ wie du.
entsprechen[2]	correspond to	den Vorstellungen ~ / einen ~den Antrag stellen / der Leistung ~d bewerten
je	according to	~ nach Qualität / ~ nachdem / ~ Kind gibt es einen Luftballon. / ~ schneller, desto/umso besser
je ..., desto ...	the ... the ...	je früher, desto besser
gleichmäßig	evenly	die Arbeit ~ verteilen
die Ähnlichkeit, -en	likeness, resemblance	~ haben mit ... / eine auffällige ~
ähnlich	similar	Sie sieht ihrer Mutter ~. / ~e Absichten haben
anders	different, other	Es ist ganz ~ gewesen. / niemand ~ als ...
(sich) ändern	change	seine Meinung ~ / sich ~
verändern	change	ein System ~ / Du hast dich sehr verändert.
verschieden	different, various	~er Meinung sein / Es gibt ~e Möglichkeiten. / Dazu kann man Verschiedenes anmerken.
der Unterschied, -e	difference	ein großer ~ / ein deutlicher ~ / einen ~ machen zwischen ...
unterscheiden[3]	distinguish	Die Zwillinge sind schwer zu ~. / Das neue Mittel unterscheidet sich stark vom früher verwendeten.
unterschiedlich	different,	~ lang / ~ groß / ~e Meinungen haben
das Gegenteil, -e	opposite	im ~ / Das ~ ist richtig. / Das ~ von „gut" ist „schlecht".
der Gegensatz, ¨e	opposite	im ~ zu / Es bestehen ~e zwischen ...
einerseits ..., andererseits ...	on the one hand, on the other hand	„~ bin ich dafür, ~ habe ich Bedenken."
sondern	but	nicht nur, ~ auch / nicht du, ~ ich
oder	or	ich ~ du / alle ~ niemand
statt	instead of	~ eines Lobes gab es nur Kritik.

1 vergleichen: vergleicht – verglich – hat verglichen

2 entsprechen: entspricht – entsprach – hat entsprochen

3 unterscheiden: unterscheidet – unterschied – hat unterschieden

die Regel, -n	rule	in der ~ / eine grammatische ~
regelmäßig	regular	das ~e Verb / ~e Besuche / ~ Sport treiben
regeln	regulate	die Angelegenheiten ~ / den Verkehr ~
normal	normal	Das ist ganz ~. / ~erweise
normalerweise	normally	~ wäre das nicht möglich
allgemein	general	nach ~er Ansicht / Im ~en ist sie pünktlich. / im ~en zufrieden sein
üblich	usual	das ist hier so ~ / Er tut wie ~ nichts. / ~erweise
typisch	typical	ein ~er Fehler / Das ist ~ für ihn.
selten	rare	eine ~e Briefmarke / ein ~es Ereignis
die Ausnahme, -n	exception	Das ist eine ~. / eine ~ machen / ohne ~ / mit ~ von ...
außer	except	niemand ~ mir / Das steht ~ Zweifel. / ~ Betrieb sein
ungewöhnlich	unusual, extraordinary	ein ~er Vorschlag
Sonder-	special	das ~angebot / der ~zug
Spezial-	special	das ~gebiet / das ~geschäft
sonst	otherwise	~ nichts / ~ überall / „~ noch was?" / ~ ist sie immer pünktlich.

TEST

1 Ordnen Sie die folgenden Verben den Substantiven zu.

(denken, annehmen, begründen, verwechseln, prüfen)

1. Geist: _____ 2. Vermutung: _____ 3. Grund: _____

4. Missverständnis: _____ 5. Kontrolle: _____

2 Gegensätze

1. Hauptsache: _____ 2. wichtig: _____

3. einfach: _____ 4. klug: _____ 5. sachlich: _____

6. Unterschied: _____ 7. interessant: _____

8. Recht haben: _____ haben.

❸ Definitionen

1. Kant war ein deutscher _____ 2. Lange nachdenken über etw: sich

etw. _____ 3. Glauben, dass etw. richtig ist, ohne es beweisen zu

können: _____ 4. Sicher sein, dass etw. stimmt: davon _____ sein.

5. Ich erkläre, warum mein Standpunkt richtig ist: ich _____ meinen

Standpunkt. 6. Skeptisch sein, nicht überzeugt sein: _____

7. Ich sehe ein, dass ich nicht Recht hatte: ich habe mich _____

8. Ein Umstand, an dem man nicht zweifeln kann: _____

9. Etwas, das nicht der Regel entspricht: _____

❹ Kreuzworträtsel

Waagerecht:

7. Denker

8. Sonderfall

9. deshalb, aus diesem Grunde

Senkrecht:

1. konkreter Einzelfall

2. Geist

3. aber

4. Auffassung

5. merkwürdig

6. ähnlich sein

Sprache
Language

die Spr**a**che, -n	language	die deutsche ~ / eine ~ lernen / die ~ beherrschen / die Umgangs~ verstehen
die M**u**ttersprache	mother tongue, native language	meine ~
das W**o**rt, ¨er	word	die ~art / die ~bedeutung / das Fremd~
die S**i**lbe, -n	syllable	die Vor~ / die letzte ~ / die betonte ~
bed**eu**ten	mean	„Was bedeutet dieses Wort?" / „Was hat das zu ~?"
das Symb**o**l, -e	symbol	das Herz ist ein ~ für die Liebe
der Begr**i**ff, -e	expression, term	einen ~ definieren
der **Au**sdruck, ¨e	expression	den passenden ~ suchen / der Fach~
der S**a**tz, ¨e	sentence, clause	der Haupt~ / der Neben~ / der Glied~ / der ~bau / der ~teil / das ~glied
die Fr**e**md- sprache, -n	foreign language	eine ~ lernen / eine ~ beherrschen
der D**o**lmetscher, -	interpreter	einen ~ brauchen / der ~ übersetzt den Text // die Dolmetscherin
übers**e**tzen	translate	einen Text ins Deutsche ~ / ein Buch ~
die Übers**e**t- zung, -en	translation	die wörtliche ~ / eine freie ~ / eine ~ anfertigen
das W**ö**rterbuch, ¨er	dictionary	im ~ nachschlagen / ein Wort im ~ suchen

die St**i**mme, -n	voice	die laute ~ / mit leiser ~ sprechen
aussprechen[1]	pronounce, expresss	ein Wort richtig ~ / jdm. seinen Dank ~
die Bet**o**nung, -en	stress	die richtige ~ des Wortes / Die ~ liegt auf der ersten Silbe.
d**eu**tlich	clear, distinct	~ sprechen / ≠ un~
s**a**gen	say, tell	jdm. etw. ~ / kein Wort ~ / „Was ~ Sie?"
spr**e**chen[1]	speak	mit jdm. ~ / jdn. an~ / Deutsch ~ / über etw. ~ / Hier spricht Frau Müller.
r**e**den	talk	jdn. an~ / darüber ~
die R**e**de, -n	speech	eine ~ halten / eine ~ über Politik

der Vortrag, ⁓e	lecture	einen ~ halten / einen ~ hören
das Referat, -e	talk	ein ~ halten / ein ~ hören
zuhören	listen to	jdm. aufmerksam ~
rufen²	call	jdn. ~ / um Hilfe ~ / einen Arzt ~ lassen
hallo	hallo	„~, wo bist du?" / „~, wer ist da?"
schreien³	shout, cry	Das Baby schreit. / jdn. an~ / um Hilfe ~
flüstern	whisper	jdm. etw. ins Ohr ~
pst!	pst!	„~! Wir sind nicht allein!"
still sein	be quiet	„Sei still!"
schweigen⁴	be quiet, say nothing	alle ~ / jdm. etw. ver~ / zu etw. ~
stumm	dumb, silent	~ sein / jdn. ~ ansehen

1 aussprechen: ich spreche aus, er spricht aus – sprach aus – hat ausgesprochen

2 rufen: ruft – rief – hat gerufen

3 schreien: schreit – schrie – hat geschrien

4 schweigen: schweigt – schwieg – hat geschwiegen

Frage, Antwort

▲ 60 Grund ▼ 175 Zeit ▼ 181 Ort **72**

sich erkundigen	enquire	sich bei jdm. nach etw. ~ / „Erkundige dich nach der Zugverbindung."
fragen	ask	den Lehrer ~ / sich etw. ~ / nach jdm. ~ / jdn. be~
die Frage, -n	question	eine ~ stellen / eine ungelöste ~ / „Das kommt nicht in ~!"
wer ...?	who ...?	„~ hat das gesagt?" / ~ ist das?
was ...?	what ...?	„~ ist los? " / „~ soll das?" / ~ ist das?
welch- ...?	which ...?	„~es Buch suchst du?"
wie ...?	how ...?	„~ geht es Ihnen?" / ~ lange?
ob	if, whether	„~ sie noch kommt?" / Ich weiß nicht, ~ das möglich sein wird.
wahr	true	„Du hilfst mir doch, nicht ~?" / ≠ un~
die Antwort, -en	answer	eine ~ geben / eine klare ~ bekommen
antworten	answer	auf eine Frage ~ / den Brief be~
die Auskunft, ⁓e	information	um ~ bitten / eine ~ geben
die Kenntnisse (Plural)	knowledge	Sprach~ / Computer~
wissen¹	know	Bescheid ~ / davon nichts ~ / Wer weiß, ob das alles so stimmt.
bestätigen	confirm	den Erhalt des Briefes ~ / Der Zeuge konnte ~, dass der Angeklagte die Wahrheit sagte.

1 wissen: weiß – wusste – hat gewusst

ja	yes	~ sagen / „Sind Sie sicher?" „~!" / Das klingt nach einem Ja. / „Das ist ~ klar!" / „Ich komme ~ schon!"
selbstverständlich	of course; natural(ly)	ja, ~ / „Das ist doch ~!"
natürlich	of course; natural(ly)	„~ helfe ich dir."
doch	but; yes	„Willst du nicht kommen?" „ ~!" / Ich bin zwar müde, ~ ich will noch arbeiten.
nein	no	~ sagen / „~, das geht leider nicht."
nicht	not	Ich komme ~. / Es geht ~. / gar ~ / Ist das ~ komisch? / „Das ist doch wahr, ~?"
kein-	no	kein Geld haben / kein Glück haben
überhaupt	at all	~ nicht / ~ kein Geld / „Was heißt das ~?"
weder ... noch	neither ... nor	~ der eine ~ der andere
nur	only	~ wenig Zeit haben / ~ sie / nicht ~ ..., sondern auch ...
bloß	just, only	Das wollte ich ~ wissen.
erst	only	Sie ist ~ 20 Jahre alt.

die Nachricht, -en	(piece of) news	eine gute ~ / eine schlechte ~ bekommen / die ~en im Radio hören
bekannt geben[1]	announce	die Ergebnisse ~ ~
die Kommunikation	communication	für eine gute ~ sorgen
die Information, -en	(piece of) information	~en geben / ~en bekommen / zu deiner ~ / „Bitte fragen Sie an der ~."
die Mitteilung, -en	message	eine ~ machen / eine wichtige ~
informieren	inform	jdn. ~ / sich bei jdm. über etw. ~
benachrichtigen	inform, notify	jdn. von etw. ~
mitteilen	inform, notify	jdm. etw. ~
der Bericht, -e	report	~ erstatten / einen ausführlichen ~ geben
berichten	report	alles genau ~ / von der Reise ~
erzählen	tell, narrate	viel zu ~ haben / alles ~ / Märchen ~ / von jdm. ~.
beschreiben[2]	describe	ein Bild ~ / den Vorfall genau ~ / den Weg ~
die Beschreibung, -en	description	eine genaue ~ geben / die Bild~

ausf<u>ü</u>hrlich	detailed, in detail	sich ~ informieren / alles ~ besprechen
die <u>Ei</u>nzelheit, -en	detail	in allen ~en / einige ~en vergessen / nähere ~en
<u>u</u>nd	and	~ so weiter (usw.) / sie ~ ich / ~ zwar
sow<u>o</u>hl ... <u>a</u>ls auch ...	not only ... but also	~ ich ~ ~ die anderen
erw<u>ä</u>hnen	mention	etw. nur kurz ~ / Ich möchte noch ~, dass ...
die D<u>a</u>rstellung, -en	presentation	die klare ~ / die ~ des Problems
die Zus<u>a</u>mmen- fassung, -en	summary	eine ~ geben / eine kurze ~
zus<u>a</u>mmenfassen	summarise	das Wichtigste kurz ~
wiederh<u>o</u>len	repeat	den Satz ~ / die Frage ~ / eine Sendung ~
erf<u>a</u>hren[3]	find out	die Neuigkeit ~ / das Ergebnis ~

1 bekanntgeben: ich gebe bekannt, er gibt bekannt – gab bekannt – hat bekanntgegeben
2 beschreiben: beschreibt – beschrieb – hat beschrieben
3 erfahren: ich erfahre, er erfährt – erfuhr – hat erfahren

Übertreibung   ▲ 62 Aufmerksamkeit erregen ▲ 69 Regel, Ausnahme **75**

die Über- tr<u>ei</u>bung, -en	exaggeration	„Das ist eine ~!"
übertr<u>ei</u>ben[1]	exaggerate	„Sie ~!" / nicht ~ / Ich will nicht ~.
s<u>e</u>hr	very, (very) much	~ viel / ~ gut / ~ schön / so ~ / zu ~
bes<u>o</u>nders	(e)specially, particularly	~ gut / ~ schön / ~ viele Zuschauer
bes<u>o</u>nder-	special, particular	ein ganz ~es Vergnügen
g<u>a</u>nz	quite	Das ist ~ einfach. / ~ und gar
völlig	complete(ly)	Das ist mir ~ egal. / Das ist ~er Unsinn.
sog<u>a</u>r	even	Ich habe ~ mit dem Chef gesprochen.
unbed<u>i</u>ngt	absolutely; whatever happens	Das ist ~ notwendig. / Ich will das ~ tun.
f<u>e</u>st	firmly	Ich bin ~ davon überzeugt.
s<u>o</u>lch/solch-	such	~ ein Zufall / ~ eine Gelegenheit / ~e Fälle gibt es bei uns nicht.
s<u>o</u>	so	~ sehr / ~ schön / ~ ein Zufall!
st<u>au</u>nen	be astonished	über etw. ~ / alle ~
<u>o</u>h!	oh!	„~, wie schön!"
(sich) w<u>u</u>ndern	be surprised, surprise	sich über etw. ~ / sich sehr ~ / Es wunderte ihn, dass ...

1 übertreiben: übertreibt – übertrieb – hat übertrieben

die Wahrheit, -en	truth	die ~ sagen / die reine ~ / Das ist die volle ~. / In ~ stimmte das gar nicht. / ≠ die Un~
wahr	true	eine ~e Geschichte / Es ist ~. / ≠ un~
bestimmt	for certain, definitely	ganz ~ / Sie wird ~ kommen.
ehrlich	honest, sincere	Sie war immer ~. / es ~ meinen mit jdm. / ~ antworten
lügen[1]	lie	Du sollst nicht ~. / jdn. be~
die Lüge, -n	lie	„Das ist eine ~ !" / eine freche ~
der Vorwand, ⁻e	pretext	einen ~ suchen / einen ~ finden
die Ausrede, -n	excuse	eine ~ gebrauchen / eine ~ suchen
betrügen[2]	cheat, deceive	jdn. ~ / sich ~ lassen / um Geld ~
als ob	as if/though	Er tut so, ~ er das nicht wüsste.
die List, -en	trick, cunning	eine ~ gebrauchen / etw. mit ~ erreichen
leugnen	deny	nicht ~ können, dass ... / die Tatsachen ~
zugeben[3]	admit	einen Irrtum ~ / eine Lüge ~
eigentlich	acutally, really	~ sollte sie schon da sein. / ~ war das so: ... / seine ~e Absicht

1 lügen: lügt – log – hat gelogen
2 betrügen: betrügt – betrog – hat betrogen
3 zugeben: ich gebe zu, er gibt zu – gab zu – hat zugegeben

das Geheimnis, -se	secret	das ~ für sich behalten / das ~ erzählen
geheim	secret	~ halten / das bleibt ~
verschweigen[1]	conceal, keep quiet about	eine wichtige Einzelheit ~ / nichts ~
das Gerücht, -e	rumour	Das ist nur ein ~. / ein ~ verbreiten
das Rätsel, -	puzzle, riddle	ein ~ aufgeben / ein ~ lösen
raten[2]	guess	das Rätsel ~ / etw. er~ / „Rate mal, was ich da habe."
anvertrauen	entrust, confide	jdm. ein Geheimnis ~ / sich jdm. ~
verraten[3]	betray, reveal	ein Geheimnis ~ / nichts ~ wollen
der Hinweis, -e	hint, tip	jdm. einen ~ geben / einen ~ bekommen
der Tipp, -s	tip	einen guten ~ geben
merken	notice, realize	etw. ~ / Ich habe gemerkt, dass ...
verstehen[4]	understand	Das kann ich ~. / den Sinn ~ / Er versteht was von Astrologie.
Bescheid wissen[5]	know about	über alles ~ ~ / Ich weiß genau ~.

Bescheid sagen   let s.o. know   jdm. ~ ~

1 verschweigen: verschweigt – verschwieg – hat verschwiegen
2 raten: ich rate, er rät – riet – hat geraten
3 verraten: verrät – verriet – hat verraten
4 verstehen: versteht – verstand – hat verstanden
5 wissen: weiß – wusste – hat gewusst

Diskussion **78**

das Gespräch, -e	conversation	mit jdm. ein ~ führen / ein ~ unter vier Augen / der ~s·partner
die Unter- **haltung, -en**	conversation	eine lebhafte ~
sich unterhalten [1]	talk, have a conversation	sich gut ~ / sich mit jdm. über Politik ~
die Diskussion, -en	discussion	eine ~ mit Freunden / an einer ~ teilnehmen / eine ~ über Politik
diskutieren	discuss	über Politik ~ / mit jdm. etw. ~
das Wort, -e	word	das ~ bekommen / „Sie haben das ~!" / ums ~ bitten / Er verstand sie ohne viele ~e.
schlagfertig	quick at repartee, quick-witted	~ sein / eine ~e Antwort geben
übrigens	by the way	„~, was ich noch sagen wollte ..."
unterbrechen [2]	interrupt	jdn. ~ / ein Gespräch ~
die Besprechung, -en	discussion, meeting	an einer ~ teilnehmen / in einer ~ sein / Die ~ dauert lange.
die Verhandlung, -en	negotiation	Die ~en haben Erfolg. / die erfolglosen ~en abbrechen
die Konferenz, -en	conference	Eine ~ findet statt. / die Presse~

1 sich unterhalten: ich unterhalte mich, er unterhält sich – unterhielt sich – hat sich unterhalten
2 unterbrechen: ich unterbreche, er unterbricht – unterbrach – hat unterbrochen

Telefon **79**

das Telefon, -e	telephone	der ~anruf / das ~gespräch / die ~nummer wählen
der Hörer, -	receiver	den ~ abnehmen / den ~ auflegen
das Handy ['hɛndi], **-s**	mobile (phone)	mit dem ~ telefonieren
das Telefonbuch, ¨er	(tele)phone book	die Nummer im ~ suchen

telefon**ie**ren	(tele)phone	mit jdm. ~ / „Kann ich mal ~?"
der **A**nruf, -e	(tele)phone call	der Telefon~ / einen ~ erwarten
anrufen[1]	call, ring (up)	„Ruf mich mal an!"
bes**e**tzt	engaged, busy	Es ist immer ~.
verb**i**nden[2]	connect, put through	mit jdm. ~ / „~ Sie mich bitte mit Peter."
die Verb**i**ndung, -en	connection	eine ~ bekommen
die Telef**o**nzelle, -n	(tele)phone box/booth	von der ~ aus telefonieren
die Telef**o**nkarte, -n	phone card	eine neue ~ kaufen
die V**o**rwahl, -en	code	„Wie ist die ~ von Frankfurt?"
der App**a**rat, -e	(tele)phone	der Telefon~ / „Bitte bleiben Sie am ~!"
der **A**nrufbeantworter, -	answering machine	eine Nachricht auf den ~ sprechen

1 anrufen: ruft an – rief an – hat angerufen

2 verbinden: verbindet – verband – hat verbunden

80 Schreiben

schr**ei**ben[1]	write	einen Brief ~ / richtig ~ / einen Text ab~ / Dieser Kugelschreiber schreibt schlecht. / Sie schreibt für das „Hamburger Abendblatt".
(jdm./sich etwas) **au**fschreiben[1]	write down	sich die Telefonnummer ~
die Schr**i**ft, -en	writing	die Hand~ / die Druck~ / Sie hat eine sehr schöne Hand~.
schr**i**ftlich	written, in writing	eine ~e Mitteilung / die ~e Prüfung
m**ü**ndlich	oral	eine ~e Vereinbarung / die ~e Prüfung
der B**u**chstabe, -n	letter	der Groß~ / ein Wort mit zehn ~n
buchstab**ie**ren	spell	das Wort ~ / den Namen ~
das Alphab**e**t, -e	alphabet	alle Buchstaben des ~s

Satzzeichen

der Punkt, -e	full stop, period
das Komma, -s	comma
das Semikolon, -s	semi-colon
der Doppelpunkt, -e	colon
der Bindestrich, -e	hyphen
das Ausrufezeichen, -	exclamation mark
das Fragezeichen, -	question mark
das Anführungszeichen, -	inverted comma(s)

der Bleistift, -e	pencil	den ~ anspitzen
der Kugelschreiber, -	biro, ball point pen	einen ~ benutzen
das Papier, -e	papier	das Brief~ / ein Blatt ~ / das Zeitungs~
der Zettel, -	piece of papier	Notizen auf einen ~ schreiben
die Notiz, -en	note	sich eine ~ machen / das ~buch / die Zeitungs~
das Büro, -s	office	im ~ arbeiten / die ~angestellte
die Sekretärin, -nen	secretary	die Chef~ / Die ~ schreibt die Briefe.
der Schreibtisch, -e	desk	am ~ sitzen / am ~ arbeiten
das Pult, -e	desk	am ~ schreiben
der Stempel, -	stamp, mark	der Firmen~ / den ~ aufs Papier drücken / der Post~
die Schreib-maschine, -n	typewriter	das ~n·papier / auf der ~ tippen
tippen	type	einen Brief auf dem Computer ~
das Original, -e	original	das Zeugnis~ / Bitte Kopien, keine ~e schicken!
die Kopie, -n	copy	eine ~ machen / zehn ~n anfertigen
kopieren	copy	einen Brief ~
der Kopierer, -	copier	der ~ ist wieder kaputt

1 schreiben: schreibt – schrieb – hat geschrieben

Briefwechsel ▼ 127 Paket **81**

der Brief, -e	letter	einen ~ schreiben / der ~wechsel
das Schreiben, -	letter	ein ~ bekommen / ein ~ vom Finanzamt
der Brief-umschlag, ¨e	envelope	den Brief in den ~ stecken / den ~ zukleben
das Kuvert, -s (süddt./österr.)	envelope	

die Postkarte, -n	postcard	eine ~ schreiben
die Drucksache, -n	printed matter	~n verschicken / eine ~ bekommen
das Einschreiben, -	registered letter	den Brief als ~ schicken
die Luftpost	air mail	den Brief per ~ schicken
der Gruß, ̈e	greeting, wish	viele ̈e / herzliche ̈e / Mit freundlichen ̈en / jdm. ̈e bestellen
grüßen	greet	die Freunde ~ / jdn. ~ lassen
die Unterschrift, -en	signature	die ~ unter dem Brief / zur ~ vorlegen
unterschreiben[1]	sign	den Brief ~ / den Vertrag ~
der Absender, -	sender	der ~ des Briefes / der ~ auf dem Briefumschlag
die Adresse, -n	address	die ~ auf den Briefumschlag schreiben
der Empfänger, -	recipient	die genaue Adresse des ~s
die Postleitzahl, -en	postcode, zip code	Seit 1993 gelten in Deutschland neue ~en.
die Briefmarke, -n	stamp	eine ~ aufkleben / ~n sammeln / die ~n·sammlung
der Briefkasten, ̈	letter-box	An der Ecke ist ein ~. / „Hast du heute schon in den ~ geschaut?"
schicken	send	einen Brief ~ / den Brief ab~
der Briefträger, -	postman, mailman	Der ~ bringt Briefe und Päckchen.
das Postamt, ̈er	post office	zum ~ gehen
die Post	post office; post	Die ~ ist schon gekommen. / viel ~ zum Geburtstag bekommen / bei der ~ arbeiten / einen Brief zur ~ bringen
das Fax, -e	fax	ein ~ erhalten
die E-Mail, -s [i-]	e-mail	eine ~ verschicken

1 unterschreiben: unterschreibt – unterschrieb – hat unterschrieben

82 Text, Lesen ▲ 6 Auge ▼ 149 Literatur

der Leser, -	reader	der Zeitungs~ // die Leserin
lesen[2]	read	die Zeitung ~ / Ihre Schrift liest sich gut.
stehen[2]	be	Das steht in der Zeitung.
das Buch, ̈er	book	ein ~ kaufen / das ~ lesen / ein ~ schreiben / ein ~ über Literatur
das Taschenbuch, ̈er	paperback	ein billiges ~
der Druck, -e	print(ing)	der Buch~ / die ~schrift / der ~fehler
drucken	print	das Buch ~ / Prospekte ~ lassen
veröffentlichen	publish	einen Artikel in einer Zeitschrift ~

erscheinen[3]	appear	Die Zeitung erscheint täglich.
der Titel, -	title	der Buch~ / das ~blatt / das ~bild
die Überschrift, -en	headline, heading	die ~ des Zeitungsartikels
das Thema, Themen	topic	das Aufsatz~ / ein ~ stellen / ein ~ behandeln
der Inhalt, -e[4]	contents	der ~ des Buches / das ~s·verzeichnis
nachschlagen[4]	look up	im Wörterbuch ~ / ein Wort ~
der Zusammenhang, ¨e	context	in diesem ~ / in ~ bringen / eine Textstelle aus dem ~ reißen
das Kapitel, -	chapter	das erste ~ / das zweite ~ lesen
der Text, -e	text	den ~ lesen / die ~stelle / der Lied~
die Seite, -n	page	Das steht auf ~ 10. / die ~ umblättern
die Zeile, -n	line	etw. ~ für ~ lesen / der ~n·abstand
der Abschnitt, -e	section	ein langer ~ / der nächste ~
die Buchhandlung, -en	bookshop, bookstore	ein Schulbuch in der ~ kaufen
der Bücherschrank, ¨e	bookcase	ein Buch in den ~ stellen
die Bibliothek, -en	library	die Universitäts~ / die Stadt~
die Bücherei, -en	library	die Stadt~

1 lesen: ich lese, er liest – las – hat gelesen

2 stehen: steht – stand – hat gestanden

3 erscheinen: erscheint – erschien – ist erschienen

4 nachschlagen: ich schlage nach, er schlägt nach – schlug nach – hat nachgeschlagen

Zeitung ▲ 70 Informieren ▼ 125 Werbung ▼ 174 Ereignis **83**

die Presse	press	die internationale ~ / die ~konferenz
die Zeitung, -en	newspaper	eine ~ kaufen / die ~ lesen / die Tages~
die Illustrierte, -n	magazine	eine ~ kaufen / das Titelfoto der ~n
die Zeitschrift, -en	periodical	die Fach~ / die wissenschaftliche ~
der Journalist [ʒʊrnaˈlɪst], -en	journalist	Der ~ arbeitet für die Zeitung. // die Journalistin
der Reporter, -	reporter	der Fenseh~
das Interview [ɪntɐvjuː], -s	interview	Der Politiker gibt ein ~.
die Recherche, -n	research	~n anstellen / ~n für einen Bericht
die Tabelle, -n	table	eine übersichtliche ~
der Skandal, -e	scandal	ein öffentlicher ~ / eine ~geschichte
die Schlagzeile, -n	headline	die sensationelle ~
der Artikel, -	article	den Zeitungs~ lesen / ein interessanter ~
abonnieren	have/take out a subscription to	eine Zeitung ~

TEST

1 Ordnen Sie die folgenden Verben den Substantiven (Nomen) zu.

sprechen, schreiben, anrufen, lesen, definieren, übersetzen

1. Stimme: _____ 2. Begriff: _____

3. Telefon: _____ 4. Buch: _____

5. Dolmetscher: _____ 6. Schrift: _____

2 Gegensätze

1. ja: _____ 2. Wahrheit: _____

3. fragen: _____ 4. leugnen: _____

5. flüstern: _____ 6. mündlich: _____

7. Kopie: _____

3 Definitionen

1. Ein Buch, das alle Wörter einer Sprache enthält: _____

2. Jemand, dessen Beruf es ist, von einer Sprache in die andere zu übersetzen:

_____

3. Ganz leise sprechen: _____

4. Nichts sagen: _____

5. Jemand, der immer sofort eine gute und geistvolle Antwort geben kann, ist

_____

6. Handgeschriebener Name unter einem Brief: _____

7. Jemand, der Briefe vom Postamt in die Häuser bringt: _____

8. Die neusten Nachrichten kann man in der _____ lesen.

9. Kleines Häuschen mit Telefon auf der Straße: _____

10. Alle Zeitungen und Zeitschriften: _____

④ Lesen Sie mit deutlicher Betonung.

unterschreiben, Unterschrift, Kapitel, Reporter, Artikel, Sekretärin,

Diskussion, diskutieren

Gesellschaft
Society

Privatleben
Private life

der Mensch, -en	human being	die Mit~en / die ~heit (= alle Menschen)
die Person, -en	person	Zehn ~en sind anwesend.
persönlich	personal	meine ~e Meinung / ~ vor Gericht erscheinen
selbst	(my)self, in person	ich ~ / Er kommt ~.
privat	private	mit jdm. ~ sprechen / das ~leben / ein ~es Unternehmen
die Leute (Plural)	people	die ~ auf der Straße / viele ~ kennen
männlich	male	~ sein / Geschlecht: ~
der Mann, ¨er	man, husband	ein alter ~ / der ~ dieser Frau / der Ehe~ / mein ~
der Herr, -en	gentleman	~ Müller / „Meine Damen und ~en!" / dieser ~ dort
weiblich	female	~ sein / Geschlecht: ~
die Frau, -en	woman	~ Schmidt / meine ~ / die Ehe~ / alle ~en
die Dame, -n	lady	eine junge ~ / nur für ~n / „Meine ~n und Herren!"
der Name, -n	name	„Ihr ~, bitte!" / der Vor~ / der Nach~ / der Familien~
heißen[1]	be called	„Wie ~ Sie?" / Ich heiße Schulz.
nennen[2]	say, name	seinen Namen ~ / Wir wollen das Kind „Sophia" ~.
der Geburtstag, -e	birthday	Ich habe am 18. Mai ~. / den ~ feiern / „Herzlichen Glückwunsch zum ~!"
der Geburtsort, -e	place of birth	mein ~ ist München
die Adresse, -n	address	„Ich gebe Ihnen meine ~."
der Pass, ¨e	passport	der Reise~ / die ~kontrolle
der Ausweis, -e	identity card	der Personal~ / den ~ vorzeigen
ausstellen	issue	sich einen Pass ~ lassen
gültig[3]	valid	Der Pass ist ~. / ≠ un~
gelten[3]	be valid	Der Pass gilt noch ein Jahr.
verlängern	renew	den Pass ~
(sich) anmelden	register, enrol	sich bei der Behörde ~ / sich für einen Kurs ~
die Anmeldung	registration, enrolment, reception	das ~s·formular / sich an die ~ in Zimmer 3 wenden

(jdn./sich) abmelden	give notice of moving	sich bei der Behörde ~ / sich vom Kurs ~
die Brieftasche, -n	wallet, billfold, pocket-book	den Pass in die ~ stecken

1 heißen: heißt – hieß – hat geheißen
2 nennen: nennt – nannte – hat genannt
3 gelten: ich gelte, er gilt – galt – hat gegolten

Lebenslauf **85**

das Leben	life	einem Kind das ~ schenken / das ~ im Ausland / der ~s·lauf / ums ~ kommen
leben	live	in Deutschland ~ / in Berlin ~ / gut ~ / von seinem Einkommen ~ / Ihre Eltern ~ nicht mehr.
lebendig	alive, living	~ sein / quick~
schwanger	pregnant	~ sein / Sie ist im 6. Monat ~.
die Geburt, -en	birth	die ~ eines Sohnes / der ~s·ort / die Zahl der ~en in einem Land
geboren werden[1]	be born	„Wo sind Sie ~?" / Anna Schmidt, geb. (geborene) Bauer
das Baby ['be:bi], -s	baby	ein ~ bekommen / Das ~ schreit. / die ~wäsche / der ~sitter
wachsen ['vaksn][2]	grow	Das Kind ist gewachsen. / auf~
die Kindheit	childhood	eine glückliche ~ / die ~ in München verleben
jung	young	~ sein / ~e Leute / ~ bleiben wollen / Sie ist jünger als ich.
das Kind, -er	child	~er haben / sich viele ~ wünschen / eine Familie mit zwei ~ern / In unserer Straße gibt es viele ~er.
der Kindergarten, ⁝	kindergarten	in den ~ gehen / die Tochter in den ~ bringen / die Tochter aus dem ~ holen
betreuen	look after	Kinder ~ / eine Jugendgruppe ~
der Betreuer, - die Betreuerin, -nen	social worker	
der Junge, -n	boy	ein kleiner ~ / Das Baby ist ein ~.
der Bub, -en (südd.)	boy	
das Mädchen, -	girl	Das ~ spielt mit Puppen. / der ~name
die Jugend	youth	in der ~ / der ~freund / die ~ von heute
der Jugendliche, -n	youth, young person	Für ~ verboten!
minderjährig	under age, minor	noch ~ sein

volljährig	of age	~ sein / ~ werden
der/die Erwachsene, -n	adult	ein Film für ~
das Alter	age, old age	im ~ von 6 Jahren / das hohe ~ / Im ~ bekommt sie eine Rente.
alt	old	ein ~er Mann / „Wie ~ sind Sie?"
das Heim, -e	home	ins ~ gehen / im Alters~ wohnen
das Altenheim, -e / das Altersheim, -e	old people's home	ins ~ kommen / im ~ sein

1 geboren werden: wird geboren – wurde geboren – ist geboren worden
2 wachsen: ich wachse, er wächst – wuchs – ist gewachsen

86 Tod
▲ 51 Weinen

sterben[1]	die	im Krankenhaus ~ / an Krebs ~
tödlich	deadly, fatal, lethal, mortal	eine ~e Krankheit / eine ~e Gefahr
der Tod	death	die ~es·angst / mit dem ~e ringen
tot	dead	~ sein
der Tote, -n	dead person	das ~n·bett // die Tote
der Sarg, ⸚e	coffin	die Leiche in den ~ legen
die Beerdigung, -en	funeral	zur ~ gehen / das ~s·institut
das Grab, ⸚er	grave	der ~hügel / der ~stein
der Friedhof, ⸚e	cemetery, graveyard	auf den ~ gehen / die ~s·kapelle
die Trauer	mourning	der ~fall / die ~feier / die ~kleidung
das Beileid	condolences	den Angehörigen das ~ aussprechen / „Herzliches ~." / der ~s·brief
die Witwe, -n	widow	die ~n·rente // der Witwer
verwitwet	widowed	~ sein
das Testament, -e	will	sein ~ schreiben / ein ~ hinterlassen
erben	inherit	Geld ~ / von jdm. etw. ~ / jdm. etw. ver~

1 sterben: ich sterbe, er stirbt – starb – ist gestorben

87 Hochzeit
▼ 94 Liebe

der Junggeselle, -n	bachelor	Er ist noch ~.
ledig	single	~ sein / ~ bleiben
sich verloben	get engaged	sich mit jdm. ~ / verlobt sein
die Verlobung, -en	engagement	die ~ feiern / zur ~ gratulieren
das Standesamt, ⸚er	registry office	auf dem ~ die Ehe schließen
heiraten	marry	jdn. ~ / sich ver~ / aus Liebe ~

die Hochzeit, -en	wedding	der ~s·tag / die ~s·feier / die ~s·reise / die ~s·geschenke
der Trauring, -e	wedding ring	einen ~ tragen
der Bräutigam, -e	bridegroom	Braut und ~
die Braut, ⸚e	bride	das lange ~kleid / die glückliche ~ / die ~leute
gratulieren	congratulate	zur Hochzeit ~ / zum Erfolg ~ / zum Geburtstag ~
der Glück-wunsch, ⸚e	congratulation	„Herzliche ⸚e zum Geburtstag!"
die Gratulation, -en	congratulation	
die Ehe, -n	marriage	meine Kinder aus erster ~ / das ~paar / die ~frau / der ~mann / der ~ring
verheiratet	married	~ sein / ≠ un~
die Scheidung, -en	divorce	die Ehe~ / die ~ einreichen
scheiden	divorce	sich ~ lassen
homosexuell	homosexual	~ sein / ein ~es Paar

die Familie [fa'mi:liə], -n	family	eine große ~ / die ~n·feier
der/die Angehörige, -n	relative, relation	sich um seine ~n kümmern
die Eltern (Pl.)	parents	seine ~ lieben / das ~haus / bei seinen ~ wohnen / die Groß~
der Vater, ⸚	father	~ werden / das ~land / der Groß~
die Mutter, ⸚	mother	meine ~ / die ~liebe / die Groß~
das Kind, -er	child	zwei ~er haben / ein ~ adoptieren / ein ~ erwarten
der Sohn, ⸚e	son	der älteste ~
die Tochter, ⸚	daughter	die jüngste ~
die Geschwister (Pl.)	brothers and sisters	meine ~ / viele ~ haben
der Bruder, ⸚	brother	der jüngste ~ / der Zwillings~
die Schwester, -n	sister	meine jüngste ~ / meine älteste ~
der Enkel, -	grandchild	das ~kind // die Enkelin
verwandt	related	Wir sind miteinander ~.
der/die Verwandte, -n	relative, relation	die ~n zur Hochzeit einladen

Verwandte

der Onkel, -s	uncle
die Tante, -n	aunt
der Neffe, -n	nephew
die Nichte, -n	niece
der Cousin [ku'zɛ̃:], -s	(male) cousin
die Cousine [ku'zi:nə], -n	(female) cousin
der Schwiegervater	father-in-law
die Schwiegermutter	mother-in-law
der Schwiegersohn, ⸚e	son-in-law
die Schwiegertochter, ⸚	sister-in-law
der Schwager	brother-in-law
die Schwägerin	sister-in-law

der/die Bekannte, -n	friend, acquaintance	viele ~ haben / Verwandte und ~ / der ~n·kreis
die Bekanntschaft, -en	acquaintance	mit jdm. ~ machen
die Einladung, -en	invitation	eine ~ bekommen / die ~ annehmen
einladen[1]	invite	Freunde zum Geburtstag ~
der Besuch, -e	visit	einen ~ machen / zu ~ kommen / ~ erwarten / ~ bekommen / zu ~ sein
besuchen	visit	seinen Freund ~
begegnen	meet	sich auf der Straße ~
der Gast, ⸚e	guest	viele ⸚e einladen / bei jdm. zu ~ sein
die Gastfreundschaft	hospitality	Vielen Dank für Ihre ~!
zusammen	together	~leben / ~ sein / ~kommen
teilnehmen[2]	take part	an einer Veranstaltung ~
die Feier, -n	celebration	die Hochzeits~ / die Familien~
feiern	celebrate	den Geburtstag ~ / mit Freunden ~
die Party, -s	party	eine ~ geben / auf eine ~ gehen
das Fest, -e	celebration, party, festival	ein großes ~ feiern / „Frohes ~!"
der Club, -s	club	die Mitglieder des ~s
die Versammlung, -en	meeting	die Partei~ / eine ~ einberufen
die Veranstaltung, -en	event	die Informations~ / Die ~ findet morgen statt. / zu einer ~ gehen

anwesend	present	~ sein / Alle waren ~.
da sein[3]	be present	„Ist Herr Müller da?"
abwesend	absent	~ sein / von zu Hause ~ sein
allein	alone	~ sein / jdn. ~ lassen / etw. ~ machen
einsam	lonely	~ sein / sich ~ fühlen / eine ~e Insel

1 einladen: ich lade ein, er lädt ein – lud ein – hat eingeladen
2 teilnehmen: ich nehme teil, er nimmt teil – nahm teil – hat teilgenommen
3 da sein: ist da – war da – ist da gewesen

Begrüßung, Abschied

die Verabredung, -en	appointment, date	eine ~ treffen / eine ~ haben
sich verabreden	arrange to meet, have an appointment	sich für morgen ~ / verabredet sein
treffen[1]	meet	jdn. auf der Straße ~ / zufällig ~ / sich mit jdm. ~
abholen	fetch, meet	jdn. vom Flughafen ~ / seinen Freund zum Spazierengehen ~
ausgehen[2]	go out	mit seinem Freund zum Tanzen ~
begleiten	accompany	eine Freundin ~
der Empfang, ⸚e	reception, welcome	ein herzlicher ~
die Begrüßung, -en	greeting	die herzliche ~ / jdm. zur ~ die Hand geben
begrüßen	greet	die Gäste ~
willkommen	welcome	jdn. ~ heißen / „Seien Sie ~!" / eine ~e Gelegenheit
umarmen	embrace	die Freunde ~ sich
kennen[3]	know	jdn. schon lange ~ / „Kennen Sie dieses Café?"
(sich) kennen lernen[3]	get to know	jdn. ~ ~ / sich ~ ~ / fremde Länder ~ ~
fremd	unfamiliar, strange	Er ist mir ~. / ein ~er Gast
(sich) vorstellen	introduce	die neuen Gäste den anderen ~
der Abschied	farewell	~ nehmen / der ~s-besuch
(sich) verabschieden	say goodbye	sich von jdm. ~
das Wiedersehen	goodbye	„Auf ~! Bis morgen."
das Wiederhören	goodbye	„Ich rufe später noch mal an. Auf ~!"
(sich) trennen	part (company)	sich von jdm. ~
winken	wave	bei der Abfahrt ~ / jdm. zu~

1 treffen: ich treffe, er trifft – traf – hat getroffen
2 ausgehen: geht aus – ging aus – ist ausgegangen
3 kennen: kennt – kannte – hat gekannt

91 Gutes Benehmen

das Benehmen	behaviour	das gute ~ / das schlechte ~
die Umgangs-formen (Pl.)	manners	auf gute ~ achten
sich benehmen[1]	behave	sich gut ~ / sich zu ~ wissen
höflich	polite	ein ~er junger Mann / sehr ~ sein / ≠ un~
liebenswürdig	kind, charming	~ sein / das ist sehr ~
freundlich	friendly, kind	~ sein / ein ~er Herr / „Bitte seien Sie so ~ …" / ≠ un~
nett	nice	„Das ist sehr ~ von Ihnen." / eine ~e junge Dame
herzlich	warm(ly)	jdn. ~ begrüßen / „~ willkommen!"
bescheiden	modest	~ sein / ein ~es Kind / ≠ un~
die Rücksicht	consideration	auf jdn. ~ nehmen / mit ~ auf etw./jdn.
loben	praise	jdn. für etw. ~
beliebt	popular	~ sein / sich ~ machen / ≠ un~
artig	good, well-behaved	ein ~es Kind / „Sei ~!" / ≠ un~
vernünftig	resonable, sensible	~ sein / ein ~er Vorschlag / ≠ un~
angenehm	pleasant	~e Nachbarn haben / ein ~er Aufenthalt / ≠ un~
vornehm	distinguished, elegant	eine ~e Dame / ein ~es Haus

1 sich benehmen: ich benehme mich, er benimmt sich – benahm sich – hat sich benommen

92 Schlechtes Benehmen ▲ 53 Angst ▼ 96 Streit

unhöflich	impolite	ein ~er Mensch / zu jdm. ~ sein
taktlos	tactless	eine ~e Frage / sich ~ benehmen
unverschämt	outrageous	„Das ist ~!" / ~es Benehmen
frech	impertinent, cheeky	eine ~e Antwort geben / ein ~er Junge
eingebildet	conceited	~ sein / Er ist mir zu ~.
sich blamieren	make a fool of o.s.	sich sehr ~ / sich vor allen Leuten ~
die Verlegenheit, -en	embarrass-ment	jdn. in ~ bringen / seine ~ verbergen
peinlich	embarrassing	eine ~e Frage stellen / Das ist mir ~.

das Verhältnis, -se	relationship	ein gutes ~ zu jdm. haben
die Beziehung, -en	connections	gute ~en zu jdm. haben
der Kontakt, -e	contact	gute ~e haben / gute ~e pflegen
die Sympathie, -n	liking	für jdn. ~ haben / ein Zeichen der ~
sympathisch	likeable, agreeable	Er ist mir ~. / Ich finde sie ~./ ≠ un~
leiden können [1]	like	jdn. gut ~ ~
mögen [2]	like	jdn. (gern) ~
gefallen [3]	please	Es hat mir gut ~. / Das Buch gefällt mir.
(sich) verstehen [4]	get on (with)	sich mit jdm. ~ / Wir ~ uns.
das Verständnis	understand, have time for	viel ~ haben für etw./jdn. / kein ~ haben
das Vertrauen	trust, confidence	zu jdm. ~ haben / etw. im ~ sagen
sich verlassen [5]	rely	sich auf jdn. ~ können / sich auf etw. ~
der Freund, -e	friend	mein ~ / Wir sind ~e. / Er ist kein ~ von abstrakter Kunst. // die Freundin
die Freund-schaft, -en	friendship	Uns verbindet eine enge ~.

1 leiden können: kann ihn leiden – konnte ihn leiden
2 mögen: mag – mochte – hat gemocht
3 gefallen: gefällt – gefiel – hat gefallen
4 sich verstehen: versteht sich – verstand sich – hat sich verstanden
5 sich verlassen: ich verlasse mich, er verlässt sich – verließ sich – hat sich verlassen

die Zuneigung	affection	für jdn. ~ empfinden
die Liebe	love	aus ~ (zu jdm.) etw. tun / etw. mit (viel) ~ tun / der ~s·brief / der ~s·kummer
sich verlieben	fall in love	sich in jdn. ~ / verliebt sein
(sich) lieben	love	jdn. leidenschaftlich ~ / Sie ~ sich. / Er liebt seine Arbeit.
der Liebling, -e	darling	Sie ist der ~ ihrer Großeltern.
lieb	dear	„Liebe Freunde!" / jdn. ~ haben / Es wäre mir ~, wenn …
(sich) küssen	kiss	jdn. zärtlich ~ / auf den Mund ~ / die Hand ~
der Kuss, ⁻e	kiss	jdn. einen ~ geben / der Hand~
die Leidenschaft, -en	passion	mit ~ lieben
glücklich	happy	~ sein / jdn. ~ machen / ≠ un~
treu	faithful, loyal	~ sein / ein ~er Freund / ≠ un~

eifersüchtig	jealous	auf jdn. ~ sein / eine ~e Frau
die Eifersucht	jealousy	Seine blinde ~ quält ihn.

95 Abneigung

die Abneigung	dislike, aversion	~ empfinden / gegen jdn./etw. eine ~ haben
(sich) ärgern	be/get annoyed/angry	jdn. ~ / sich über jdn./etw. ~ / Das ärgert mich.
ärgerlich	annoyed, angry	~ sein auf jdn. / ~ werden
böse	cross, mad	~ werden / (mit) jdm./auf jdn. ~ sein
der Ärger	trouble	~ bekommen mit jdm. / viel ~ haben
hassen	hate	jdn. ~ / seine Feinde ~ / Sie hasst Unordnung.
verachten	despise	jdn. ~ / wegen seiner Feigheit ~
der Feind, -e	enemy	Sie sind ~e. // die Feindin
das Misstrauen	mistrust	Dein ~ kränkt mich.

96 Streit, Wut ▲ 60 Ablehnen ▲ 76 Lügen ▲ 92 Schlechtes Benehmen

der Streit	argument	das ~gespräch / einen ~ vermeiden
streiten	argue	sich mit jdm. ~ / Darüber lässt sich ~.
der Konflikt, -e	conflict	ein schwerer ~ / ein ~ zwischen …
sich beschweren	complain	sich bei jdm. über etw. ~
der Vorwurf, ¨e	reproach, accusation	jdm. einen ~ machen / bittere ~e
schimpfen	moan, grumble	auf jdn. ~ / ein Kind be~ / mit jdm. ~ / über etw. ~
ironisch	ironic(al)	eine ~e Antwort geben / ~ sein
der Spott	mockery, derision	beißender ~ / den ~ nicht ertragen
beleidigen	offend, insult	jdn. ~ / beleidigt sein
kränken	hurt s.o.'s feelings	jdn. ~ / sich gekränkt fühlen
der Idiot, -en	idiot	„Du ~!" / „So ein ~!"
verrückt	mad, crazy	„Du bist wohl ~?" / jdn. ~ machen / eine ~e Idee
wahnsinnig	mad, crazy	Bist du ~? / ~ sein/werden
doof	stupid	„Du bist ~ !"
nervös	nervous	~ werden / ~ sein
aufregen	get upset/ annoyed, excite	sich über etw. ~ / „Reg dich nicht auf!" / Der Brief regte sie auf. / eine ~de Fahrt
wütend	furious, angry	~ sein / ~ werden / ~ schreien

der Zorn	anger	der ~ Gottes
die Wut	anger	in ~ geraten / voller ~ / der ~ausbruch
zornig	furious, angry	~ sein / ~ werden
schlagen²	hit	jdm. ins Gesicht ~ / jdn. ~
die Ohrfeige, -n	box on the ears	jdm. eine ~ geben

1 streiten: streitet – stritt – hat gestritten
2 schlagen: ich schlage, er schlägt – schlug – hat geschlagen

Rache, Verzeihung _____ **97**

reagieren	react	heftig ~ / gelassen ~ / auf etw. ~
die Reaktion, -en	reaction	eine heftige ~
sich etw. gefallen lassen¹	tolerate, put up with	sich nichts ~ ~
übel nehmen²	take badly	einen Spaß ~ ~ / jdm. etw. ~ ~
sich rächen	take revenge	sich an jdm. ~ / sich grausam ~
(sich) entschuldigen	apologize, excuse (o.s.)	sich bei jdm. für etw. ~ / sich wegen Krankheit ~ lassen / „Entschuldigen Sie bitte die Verspätung." / Dieser Fehler ist nicht zu ~.
die Entschuldigung, -en	apology, excuse	um ~ bitten / „~!"
bedauern	regret	sehr ~, dass … / etw. lebhaft ~
Leid tun³	be sorry	Es tut mir sehr ~, dass … / Dieses kranke Kind tut mir Leid.
leider	unfortunately	Es ist nun mal ~ passiert.
verzeihen⁴	forgive	jdm. etw. ~
die Verzeihung	forgiveness, „Excuse me.", „Sorry."	„~!" / um ~ bitten
(sich) beruhigen	calm down	sich nicht ~ können / „Beruhige dich doch bitte wieder!"

1 gefallen lassen: ich lasse mir etw. gefallen, er lässt sich etw. gefallen – ließ sich etw. gefallen
  – hat sich etw. gefallen lassen
2 übel nehmen: ich nehme übel, er nimmt übel – nahm übel – hat übel genommen
3 Leid tun: tut Leid – tat Leid – hat Leid getan
4 verzeihen: verzeiht – verzieh – hat verziehen

Ansehen _____ ▼ 148 Ruhm **98**

| öffentlich | public | die ~e Meinung / das ~e Leben / eine ~e Sitzung |
| die Öffentlichkeit | public | die ~ informieren / in aller ~ |

die Gesellschaft, -en	society	der Einzelne und die ~ / die gute ~
das Ansehen	standing, reputation	(ein) großes ~ genießen
achten	respect	jdn. ~ / ≠ ver~
die Achtung	respect	vor jdm. ~ haben / die Hoch~
die Autorität, -en	authority	die ~ des Professors
die Persönlich-keit, -en	personality	eine bedeutende ~ / eine ~ des öffentlichen Lebens
die Ehre	honour	die ~ verletzen / jdm. sein ~n·wort geben
ehren	honour	eine Persönlichkeit ~ / Sehr geehrter Herr Müller, ...
der Titel, -	title	der Doktor~
stolz	proud	~ sein auf seinen Erfolg
die Schande	shame, disgrace	Das ist eine ~. / „So eine ~!"

TEST

1 Ordnen Sie die folgenden Wörter.

lieben, hassen, beleidigen, sich verstehen, herzlich, rücksichtslos, frech, freundlich

Zuneigung: _____, _____, _____, _____

Abneigung: _____, _____, _____, _____

2 Gegensätze

1. Geburt: _____   2. lebendig: _____

3. jung: _____   4. verheiratet: _____

5. begrüßen: _____   6. höflich: _____

7. sich rächen: _____   8. volljährig: _____

9. das Vertrauen: _____   10. Zuneigung: _____

11. Hass: _____

❸ Definitionen

1. Der Tag, an dem ich geboren bin: mein _____

2. Ein männliches Kind von etwa 10 Jahren: _____

3. Der Holzkasten, in den man die Leiche legt: _____

4. Die Urkunde, aus der hervorgeht, wer etwas erbt: _____

5. Ein erwachsener Mann, der ledig ist: _____

6. Vater und Mutter: _____

7. Brüder und Schwestern: _____

8. Die Art und Weise, wie ich mich andern gegenüber verhalte: _____

9. Ein Schlag mit der flachen Hand ins Gesicht: _____

10. Jemand beleidigt meine Ehre, deshalb tue ich ihm auch etwas Böses: Ich

_____ mich.

11. Ich sage: „Was ich getan habe, tut mir Leid.“: Ich _____ mich.

❹ Setzen Sie die Artikel ein.

1. _____ Liebe, 2. _____ Ehre, 3. _____ Zorn, 4. _____ Streit, 5. _____ Tod,

6. _____ Feier

⑤ Verwandte

Männliche Verwandte: 1

Weibliche Verwandte: 3, 4, 5, 6, 7

ohne Angabe des
Geschlechts: 2, 8, 9

1					V		T	E	R		
2					E		T	E	R		
3					M			T	E	R	
4					T			T	E		
5				T				T	E	R	
6				N				T	E		
7			S					T	E	R	
8		V						T	E		
9	G							T	E	R	

Öffentliches Leben
Public life

Staat

das Land, ⁓er	country	Deutsch~ / die deutschen (Bundes)~er: Bayern, Hessen, Sachsen ... / fremde ~er besuchen
der Staat, -en	state	die ~s·angehörigkeit / die Vereinigten ~en (USA)
staatlich	state(-owned)	die ~e Schule / ein ~er Betrieb / ~e Subventionen
die Staatsangehörigkeit	nationality	die deutsche ~ haben
das Volk, ⁓er	people	das deutsche ~ / die ⁓er Europas
die Bevölkerung	poulation	die Land~ / die ~s·dichte
der Einwohner, -	inhabitant	die ~ von Berlin / die ~zahl
der Bürger, -	citizen	der Staats~ / alle ~ der Stadt
die Heimat	home	die ~ lieben / Seine ~ ist das Rheinland.
das Heimweh	homesickness	~ bekommen / ~ haben nach ...
das Gebiet, -e	region, area	das Industrie~ / das Ruhr~
das Bundesland, ⁓er	land, state	das ~ Nordrhein-Westfalen
der Kreis, -e	district	der Land~ / die ~stadt
der Bezirk, -e	district	der Verwaltungs~ / der Grenz~
die Gemeinde, -n	parish, local authority	die ~verwaltung
die Hauptstadt, ⁓e	capital	Die ~ Frankreichs ist Paris.

Regierungsformen

der Kaiser, -	emperor	die ~krone // die Kaiserin
der König, -e	king	das ~reich // die Königin
das Schloss, ⁓er	castle	das ~ besichtigen / der ~park
die Revolution, -en	revolution	die französische ~ von 1789
die Krise, -n	crisis	die Regierungs~ / die Wirtschafts~
die Demokratie, -n	democracy	in einer ~ leben
demokratisch	democratic	die ~e Verfassung / ≠ un~
die Republik, -en	republic	die Bundes~ Deutschland
der Präsident, -en	president	der Bundes~ // die Präsidentin
die Freiheit	freedom	die persönliche ~ / die Presse~
frei	free	~ sein / sich ~ entscheiden/ ≠ un~
gleichberechtigt	(having) equal (rights)	~e Partner / ~ sein

die Macht, ⸚e	power	die Groß~e / an die ~ kommen / an der ~ sein
das Parlament, -e	parliament	das ~s·mitglied
die Sitzung, -en	sitting, session	die ~ eröffnen / die ~ beenden
der Abgeordnete, -n	member of parliament, deputy	die Bundestags~n wählen // die Abgeordnete
die Mehrheit, -en	majority	die absolute ~ / die ~ entscheidet
die Minderheit, -en	minority	eine ~s·regierung / in der ~ sein
abstimmen	vote	über einen Antrag ~
die Opposition	opposition	die ~s·partei / der ~s·führer
die Regierung, -en	government	die ~s·partei / der ~s·chef / die ~ über nehmen / die ~ tagt
die Bundes-regierung	federal government	die neue ~
der Bundeskanzler, -	chancellor	Der ~ bildet die neue Regierung.
regieren	rule, govern	das Land ~
das Ministe-rium, -ien	ministry	das Außen~ / das Innen~ / das Finanz~
der Minister, -	minister	jdn. zum ~ ernennen / ~ werden / der Rücktritt des ~ // die Ministerin
der Politiker, -	politician	ein bekannter ~ // die Politikerin
die Politik	politics, policy	die Welt~ / die Innen~ / die Außen~
politisch	political	eine ~e Entscheidung treffen / die ~e Situation eines Landes
die Reform, -en	reform	die Steuer~ / die Rechtschreib~

102 Parteien

die Partei, -en	party	die politischen ~en / eine ~ wählen
konservativ	conservative	eine ~e Partei / ~ eingestellt sein
liberal	liberal	eine ~e Partei
sozialistisch	socialist	die ~e Partei / die ehemaligen ~en Länder
das Mitglied, -er	member	~ werden / das Partei~ / das Gewerk-schafts~
aufnehmen[1]	admit	jemanden als neues Mitglied ~
die Bürger-initiative, -n	action group	eine ~ gegen Atomkraftwerke
die Kommis-sion, -en	commission	eine ~ bilden / die Untersuchungs~

die W<u>a</u>hl, -en	(general) election	der ~kampf / das ~lokal / die ~kabine / die ~urne / das ~ergebnis / die ~ gewinnen / die ~ verlieren / die ~ annehmen
der W<u>ä</u>hler, -	voter	um die Gunst der ~ werben // die Wählerin
die St<u>i</u>mme, -n	vote	seine ~ abgeben / sich der ~ enthalten
der St<u>i</u>mmzettel, -	ballot-paper	den ~ in die Wahlurne werfen
der Kandid<u>a</u>t, -en	candidate	sich als ~ aufstellen lassen / Die ~en stellen sich vor. // die Kandidatin

1 aufnehmen: ich nehme auf, er nimmt auf – nahm auf – hat aufgenommen

Verwaltung 103

die Verw<u>a</u>ltung	administration	die Stadt~ / das ~s·gebäude / die Haus~
der B<u>ü</u>rgermeister, -	mayor	der Ober~ von München / der ~ unserer Gemeinde
der Be<u>a</u>mte, -n	civil/public servant	der Finanz~ / der Justiz~ / Er ist ~r.
das R<u>a</u>thaus, ¨er	town hall	das Hamburger ~ / aufs ~ gehen
die Beh<u>ö</u>rde, -n	authorities	einen Brief an die ~ schreiben
das <u>A</u>mt, ¨er	department, office	das Arbeits~ / das Finanz~ / das ~ des Präsidenten übernehmen
offizi<u>e</u>ll	official	etw. ~ mitteilen / ein ~er Bescheid
<u>a</u>mtlich	official	ein ~es Schreiben / Jetzt ist es ~.
die <u>Au</u>skunft, ¨e	information, directory enquiries	eine Telefonnummer über die ~ erfragen / eine ~ geben
die Abt<u>ei</u>lung, -en	department	die zuständige ~
der <u>A</u>ntrag, ¨e	application	einen ~ stellen / den ~ genehmigen / den ~ ablehnen / „Die Anträge bekommen Sie im nächsten Zimmer."
be<u>a</u>ntragen	apply for	eine Aufenthaltserlaubnis ~ / Wohngeld ~ / Unterstützung ~
der Besch<u>ei</u>d, -e	reply; decision	einen ~ bekommen / der endgültige ~
das Formul<u>a</u>r, -e	form	das Antrags~ / das ~ ausfüllen
<u>au</u>sfüllen	complete, fill in	den Antrag ~ / das Formular ~
die L<u>i</u>ste, -n	list	sich in die ~ eintragen
die <u>U</u>rkunde, -n	certificate	die Geburts~ / die Heirats~ / die Sterbe~
die Besch<u>ei</u>nigung, -en	written confirmation	eine ~ brauchen / eine ~ ausstellen
die V<u>o</u>rschrift, -en	regulation	sich nach den ~en richten / sich an die ~en halten

die Grenze, -n	border	die Staats~ / die ~ überschreiten / die Grenzkontrolle
der Zoll	customs	die Abfertigung beim ~ / Der ~beamte kontrolliert die Waren.
verzollen	declare	„Haben Sie etwas zu ~?"
der Schmuggel	smuggling	
das Ausland	abroad	ins ~ reisen / im ~ leben / Freunde im ~ haben
der Ausländer, -	foreigner	~ sein / das ~amt // die Ausländerin
das Visum, Visa	visa	ein ~ beantragen / ein ~ brauchen
ausländisch	foreign	eine ~e Firma / ~e Waren
das Asyl [aˈzyːl]	asylum	um politisches ~ bitten / ~ gewähren
die Botschaft, -en	embassy	die deutsche ~ in Paris
der Vertrag, ⁻e	agreement, contract, treaty	der Handels~ / der Friedens~
abschließen¹	enter into, conclude	einen Vertrag ~
die Gemein- schaft, -en	community	die europäische Staaten~
international	international	die ~en Beziehungen / ~ tätig sein / Die Gruppe der Teilnehmer ist ~.

1 abschließen: schließt ab – schloss ab – hat abgeschlossen

die Bundeswehr	(federal) army	die deutsche ~
das Heer, -e	army	das feindliche ~
die Luftwaffe, -n	air force	die Angriffe der ~
die Marine	navy	die Kriegs~ / der ~stützpunkt
der Offizier, -e	officer	~ sein / der Unter~
der Soldat, -en	soldier	~ werden / ~ sein / der Berufs~
die Uniform, -en	uniform	eine ~ tragen / die Offiziers~
die Kaserne, -n	barracks	der ~n·hof / in der ~ wohnen
der Wehrdienst	military service	zum ~ eingezogen werden / ~ leisten

die Waffe, -n	weapon	eine ~ besitzen / mit ~n·gewalt
die Pistole, -n	pistol	die ~ ziehen
das Gewehr, -e	rifle, gun	das Maschinen~ / das Jagd~

die Munition	ammunition	die ~s·fabrik / das ~s·depot
der Schuss, ¨e	shot	einen ~ abgeben / Es fällt ein ~.
schießen[1]	shoot	mit dem Gewehr ~ / scharf ~ / jdn. er~ / das Flugzeug ab~
zielen	aim	mit der Pistole auf jdn. ~
treffen[2]	hit	ins Ziel ~
die Explosion, -en	explosion	die ~ der Bombe
der Panzer, -	tank	der ~angriff / den ~ zerstören
der Düsenjäger, -	fighter	die ~ greifen an / einen ~ abschießen
die Bombe, -n	bomb	~n abwerfen / die Atom~ / Die ~ explodiert.
das U-Boot, -e	submarine	Das ~ taucht. / Das ~ taucht auf.

1 schießen: schießt – schoss – hat geschossen
2 treffen: ich treffe, er trifft – traf – hat getroffen

der Krieg, -e	war	jdm. den ~ erklären / einen ~ führen / der 1. und der 2. Welt~ / der Bürger~
der Feind, -e	enemy	viele ~e haben / die ~schaft
feindlich	enemy, hostile	ein ~es Flugzeug / der ~e Angriff
angreifen[1]	attack	den Feind ~ / die Stadt ~
der Kampf, ¨e	battle, fight	der ~ auf Leben und Tod
kämpfen	fight	gegen den Feind ~ / an der Front ~ / für etw. ~
verteidigen	defend	sich gegen den Feind ~ / die Heimat ~
zerstören	destroy	eine Brücke ~ / eine Stadt mit Bomben ~
vernichten	annihilate, destroy	den Feind ~ / die Panzer ~
der Flüchtling, -e	refugee	den ~en Asyl gewähren
die Flucht	flight, escape	auf der ~ sein
der Kriegs-gefangene, -n	prisoner of war	das ~n·lager
der Verwundete, -n	wounded (man)	der ~n·transport
der Gefallene, -n	soldier killed in action	die ~n ehren
die Niederlage, -n	defeat	eine schwere ~ erleiden
der Sieg, -e	victory	den ~ erringen / den ~ feiern
der Frieden	peace	der ~s·vertrag / in ~ leben

1 angreifen: greift an – griff an – hat angegriffen

die Gewalt	violence	~ anwenden / etw. mit ~ tun wollen
das Vergehen, -	crime, offence	ein ~ bestrafen
das Verbrechen, -	crime	ein ~ begehen / das ~ aufklären
der Verbrecher, -	criminal	einen ~ überführen / einen ~ festnehmen
strafbar	punishable	eine ~e Handlung
der Einbrecher, -	burglar	die ~bande / den ~ festnehmen
der Einbruch, ⁻e	burglary	der ~ in den Supermarkt
der Dieb, -e	thief	„Haltet den ~!" / den ~ festnehmen // die Diebin
stehlen[1]	steal	jdm. etw. ~ / Geld ~ / jdn. be~
der Diebstahl, ⁻e	theft	einen ~ der Polizei melden
der Überfall, ⁻e	raid, hold-up	ein ~ auf eine Bank
töten	kill	jdn. ~ / getötet werden
ermorden	murder	einen Juwelier ~
der Mord, -e	murder	der ~versuch / der Raub~ / der Selbst~
der Mörder, -	murderer	den ~ festnehmen
das Gift, -e	poison	die ~stoffe / „Vorsicht, ~!"

1 stehlen: ich stehle, er stiehlt – stahl – hat gestohlen

die Polizei	police	die ~ rufen / bei der ~ arbeiten / von der ~ angehalten werden / das ~revier / die Kriminal~
der Polizist, -en	police officer	Die ~en kontrollieren die Autos.
der Fall, ⁻e	case	der Kriminal~ / der Mord~ / den ~ aufklären
die Kriminalpolizei	criminal investigation department	
der Verdacht	suspicion	einen ~ haben / jdn. im ~ haben
verdächtigen	suspect	einen Unschuldigen ~
die Spur, -en	clue	eine ~ finden / die ~en sichern
die Anzeige, -n	report	eine ~ machen / gegen jdn. ~ erstatten
der Täter, -	culprit, offender, perpetrator	den ~ festhalten / den ~ verhaften
fassen[1]	arrest	den Dieb~
festnehmen[2]	arrest	den Mörder ~
verhaften	arrest	den Dieb ~
beschlagnahmen	seize	das gestohlene Auto ~

das Verhör, -e	interrogation	ein langes ~ / das ~ protokollieren
die Aussage, -n	statement	vor der Polizei eine ~ machen
beschuldigen	accuse	jdn. eines Verbrechens ~
leugnen	deny	die Wahrheit ~
gestehen[3]	confess (to)	das Verbrechen ~

1 fassen: fasst – fasste – hat gefasst
2 festnehmen: ich nehme fest, er nimmt fest – nahm fest – hat festgenommen
3 gestehen: gesteht – gestand – hat gestanden

Gericht ▲ 64 Beweisen ▲ 76 Wahrheit sagen **110**

das Gericht, -e	(law) court	das Amts~ / das Land~ / die ~s·verhand-lung
der Prozess, -e	trial, case	den ~ gewinnen / den ~ verlieren
der Richter, -	judge	vor dem ~ stehen // die Richterin
der Staatsanwalt, ⁻e	public prosecutor	die Ausführungen des ~s // die Staatsanwältin
der Kläger, -	plaintiff	der ~ vor Gericht // die Klägerin
der Angeklagte, -n	accused	Der ~ verteidigt sich. // die Angeklagte
der Rechts-anwalt, ⁻e	lawyer, attorney	die Sache dem ~ übergeben / Der ~ verteidigt den Angeklagten. // die Rechtsanwältin
der Anwalt, ⁻e	lawyer	
der Zeuge, -n	witness	der Augen~ / die Aussagen des ~n // die Zeugin
schwören	swear	vor Gericht ~ müssen / etw. be~ können
der Eid, -e	oath	einen ~ ablegen / der Mein~ (= falscher Eid)
das Gesetz, -e	law	das Bürgerliche ~buch / gegen das ~ ver-stoßen / ein neues ~ beschließen
der Paragraph, -en	section, paragraph	die ~en des Gesetzes
das Recht	right	das geltende ~ / die Menschen~e / etw. zu ~ tun / das ~ auf Meinungsfreiheit

Urteil **111**

das Urteil, -e	sentence, verdict	ein ~ fällen / die ~s·begründung
verurteilen	sentence, convict	jdn. zu einer Geldstrafe ~
freisprechen[1]	acquit	den Angeklagten ~
unschuldig	innocent	Der Angeklagte ist ~.

schuldig	guilty	~ sein / jdn. ~ sprechen
die Strafe, -n	sentence, penalty	die Freiheits~ / die Todes~ / eine ~ von 50 DM bezahlen
bestrafen	punish, sentence	jdn./etw. hart ~ / mit 5 Jahren Haft ~
das Gefängnis, -se	prison	ins ~ kommen / im ~ sitzen
die Berufung, -en	appeal	gegen das Urteil ~ einlegen
die Gerechtigkeit	justice	~ fordern / ≠ die Un~
gerecht	just, fair	ein ~es Urteil / eine ~e Strafe / ≠ un~
fair [fɛːɐ̯]	fair	ein ~es Spiel / ≠ un~

1 freisprechen: ich spreche frei, er spricht frei – er sprach frei – er hat freigesprochen

TEST

① Welche Wörter gehören zusammen?

schwören, regieren, ausfüllen, schießen, kämpfen, stehlen

1. Waffe: _____ 2. Antrag: _____

3. Bundeskanzler: _____ 4. Krieg: _____

5. Dieb: _____ 6. Eid: _____

② Gegensätze

1. die Minderheit: _____ 2. der Krieg: _____

3. der Sieg: _____ 4. leugnen: _____

5. freisprechen: _____ 6. schuldig: _____

7. gerecht: _____

❸ Definitionen

1. Die Stadt, in der die Regierung des Landes ist: _____

2. Die Sehnsucht, wieder in der Heimat zu sein: _____

3. Ein Land mit einem König: _____

4. Ein Mitglied des Parlaments: _____

5. Die Trennungslinie zwischen zwei Staaten: _____

6. Die bewaffnete Auseinandersetzung zwischen zwei Staaten: _____

7. Jemand, der in fremde Häuser eindringt, um etw. zu stehlen: _____

8. Ein Mensch, der einen anderen tötet: _____

9. Chemischer Stoff, der Menschen töten kann: _____

10. Die Institution, die feststellt, ob ein Angeklagter schuldig oder unschuldig ist, und die eventuell eine Strafe festlegt: _____

11. Derjenige, der den Angeklagten verteidigt: _____

12. Schnelles Kampfflugzeug: _____

13. Schiff, das auch unter Wasser fahren kann: _____

❹ Lesen Sie mit deutlicher Betonung.

Demokratie, demokratisch, Regierung, Ministerium, Minister, Partei,

Politik, politisch.

Arbeitswelt, Freizeit
Work and leisure

112 Schule

die Sch<u>u</u>le, -n	school	die Grund~ / zur ~ gehen / Die ~ fängt bald wieder an. / Unsere neue ~ ist viel größer als die alte.
die V<u>o</u>lkshoch-schule, -n	adult education institute	einen Kurs an der ~ besuchen
der K<u>u</u>rsleiter ,-	teacher, trainer	Wer ist der neue ~?
der K<u>u</u>rs, -e	course	der Deutsch~ / der Sprach~
das Gymn<u>a</u>sium, Gymnasien	grammar school	aufs ~ gehen
die Kl<u>a</u>sse, -n	class, form, grade	in die 10. ~ gehen / In dieser ~ gibt es nur 3 Mädchen. / der ~n·raum
die T<u>a</u>fel, -n	(black)board	die Wand~ / etw. an die ~ schreiben / eine Informations~
der <u>U</u>nterricht	teaching, lessons, classes	der Schul~ / der Deutsch~
erz<u>ie</u>hen[1]	educate	seine Kinder zur Selbstständigkeit ~ / gut erzogen sein
die Erz<u>ie</u>hung	education	die ~ der Kinder / eine gute ~
die B<u>i</u>ldung	education	die Allgemein~ / die ~s·reise
die Erw<u>a</u>chsenen-bildung	adult education	die ~ fördern
die W<u>ei</u>terbildung	further education	die ~ ist für jeden wichtig
das F<u>a</u>ch, ¨er	subject	das Haupt~ / das Neben~ / Sie ist vom ~.

Schulfächer

Religi<u>o</u>n	religion
D<u>eu</u>tsch	German
Gesch<u>i</u>chte	history
Soziolog<u>ie</u>	sociology
<u>E</u>rdkunde	geography
Fr<u>e</u>mdsprachen	modern languages
Mathemat<u>i</u>k	mathematics
Inform<u>a</u>tik	informatics

Biologie	biology	
Chemie	chemistry	
Physik	physics	
Musik	music	
Sport	sport, PE	

der Lehrer, -	teacher	der Deutsch~ // die Lehrerin
unterrichten	teach	Deutsch ~ / Französisch ~
die Stunde, -n	lesson	die Deutsch~ / fünf ~n Unterricht haben
der Schüler, -	pupil, student	ein guter ~ / der Mit~ // die Schülerin
(sich) melden	put up one's hand	Der Schüler meldet sich.
lernen	learn	eine Fremdsprache ~ / einen Beruf er~
das Heft, -e	exercise book	das Schul~ / etw. ins ~ schreiben
die Aufgabe, -n	exercise, task	die Haus~n / die ~n machen
die Übung, -en	exercise	eine ~ machen / die ~s·arbeit / in etw. ~ haben
das Schuljahr, -e	school year	der Anfang des ~s / das ~es·ende
die Ferien (Pl.)	holidays	die großen ~ / die Oster~ / die ~reise / ~ machen

1 erziehen: erzieht – erzog – hat erzogen

Prüfung

▲ 72 Frage, Antwort ▼ 120 Erfolg **113**

die Arbeit, -en	test, paper	eine ~ schreiben / die ~ in Deutsch
die Klassen-arbeit, -en	test	eine ~ schreiben
das Diktat, -e	dictation	ein ~ schreiben
der Aufsatz, ¨e	essay	ein ~thema / einen ~ schreiben
der Fehler, -	mistake	ein schwerer ~ / ein leichter ~ / viele ~ machen / eine Sprache ohne ~ sprechen
falsch	wrong	~ sein / ~ rechnen / ~ schreiben
korrigieren	correct, mark	den Fehler ~ / die Klassenarbeit ~
richtig	right, correct	~ schreiben / ~ rechnen / die ~e Antwort
die Note, -n	grade, mark	eine gute ~ / eine schlechte ~ bekommen
die Zensur, -en	grade	gute ~en auf dem Zeugnis haben

Schulwesen – Arbeitswelt, Freizeit **113**

Zensuren

1 = sehr gut
2 = gut
3 = befriedigend
4 = ausreichend
5 = mangelhaft
6 = ungenügend

die Prüfung, -en	exam	die mündliche ~ / die schriftliche ~ / eine ~ machen / die ~s·angst
das Abitur	A levels, school-leaving exam	das ~ machen / das ~ bestehen
die Matura (österr.)	A levels, school-leaving exam	die ~ machen
prüfen	examine	den Schüler ~ / etw. nach~
wissen[1]	know	alles genau ~ / die Vokabeln ~
bestehen[2]	pass	die Prüfung ~ / mit „Gut" ~
versetzt werden	move up (a class)	in die nächste Klasse ~ ~
durchfallen[3]	fail	bei der Prüfung ~ / im Abitur ~
sitzen bleiben[4]	repeat (a year/class)	wegen schlechter Leistungen ~ ~
das Zeugnis, -se	(school) report	das Versetzungs~ / das Abitur~ / ein ~ bekommen / das gute ~
das Zertifikat, -e	certificate	das ~ in Deutsch

1 wissen: weiß – wusste – hat gewusst
2 bestehen: besteht – bestand – hat bestanden
3 durchfallen: ich falle durch, er fällt durch – fiel durch – ist durchgefallen
4 sitzen bleiben: bleibt sitzen – blieb sitzen – ist sitzen geblieben

114 Universität

die Universität, -en	university	an der ~ studieren
die Hochschule, -n	college, university	die technische ~ / die ~ für Musik
der Professor, -en	professor	~ für Medizin // die Professorin der Medizin~ // die Studentin
der Student, -en	student	Medizin ~ / in Heidelberg ~
studieren	study	

das Studium, Studien	studies	das Medizin~
das Semester, -	semester, term	im ersten ~ sein / die ~ferien
das Institut, -e	institute	das Forschungs~ / das Goethe-~
die Wissen-schaft, -en	science	die Natur~ / die Geistes~ / ~ und Kunst
die Forschung, -en	research	in der ~ arbeiten / die ~s·ergebnisse
der Versuch, -e	experiment	der physikalische ~
erfinden	invent	einen neuen Motor ~
der Fortschritt, -e	progress	der technische ~ / das ist ein großer ~
die Grundlage, -n	basis, foundation	die ~n·forschung
der Doktor	doctor	die ~arbeit / „Herr ~" // die Doktorin

1 erfinden: erfindet – erfand – hat erfunden

TEST

1 Ergänzen Sie die Sätze.

1. Der _____ lernt in der Schule.

2. Der _____ unterrichtet in der Schule.

3. Der _____ unterrichtet an der Universität.

4. Der _____ studiert.

5. Am Schluss des Schuljahrs bekommt jeder Schüler ein _____ mit

allen Noten.

6. Die Abschlussprüfung am Gymnasium ist das _____.

7. Studenten studieren an der _____.

8. Mathematik, Physik, Biologie sind _____.

9. Die _____ sucht nach neuen wissenschaftlichen Erkenntnissen.

2 Kreuzworträtsel

Senkrecht:

1. Kontrolle des Wissens und Könnens

2. Tätigkeit der Studenten

3. Fehler verbessern

4. Gruppe von Schülern

5. die Abschlussprüfung am Gymnasium

6. schreiben, was der Lehrer vorliest

Waagerecht:

7. Aufgabe

8. Test

9. Hochschule

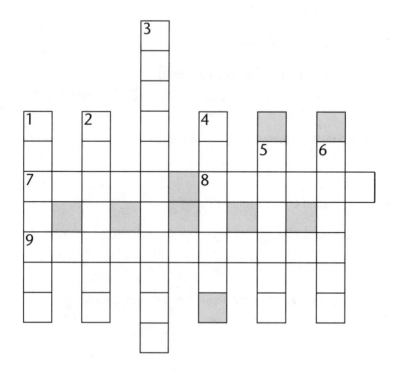

Beruf
The world of work

der Beru̲f, -e	profession, job	einen ~ erlernen / einen ~ ausüben / „Was ist sie von ~?"
beru̲fstätig	working	~ sein / Meine Mutter ist ~.
werden[1]	become	Arzt ~ / Beamter ~ / Soldat ~
der Le̲hrling, -e	apprentice, trainee	den ~ ausbilden
der/die A̲uszubildende, -n	apprentice, trainee	Der/Die ~ besucht die Berufsschule. (Kurzform: Azubi)
a̲usbilden	train	einen Lehrling ~ / sich ~ lassen
die Le̲hre, -n	training, apprenticeship	die dreijährige ~ / in der ~ sein
die A̲usbildung, -en	training	die Berufs~ / eine gute ~ bekommen
das Pra̲ktikum, Pra̲ktika	work experience, on-the-job training	ein ~ machen / einen ~s·platz bekommen
der Praktika̲nt, -en	trainee	als ~ arbeiten // die Praktikantin
kö̲nnen[2]	be able to	Auto fahren ~ / schwimmen ~
der Ha̲ndwerker, -	tradesman, craftsman	einen ~ kommen lassen
der Me̲ister, -	foreman, master craftsman	der Maurer~ / Der ~ bildet die Lehrlinge aus.
der Fa̲chmann, ¨-er	specialist	ein ~ für Elektronik / den ~ fragen
die Erfa̲hrung, -en	experience	~en sammeln / gute ~en machen / aus ~
erfa̲hren	experienced	ein ~er Arzt / ≠ un~
se̲lbstständig	independent; self-employed	~ arbeiten können / sich ~ machen / ≠ un~
die Le̲istung, -en	performance, productivity	~ verlangen / die ~ steigern / ~ erbringen / die Spitzen~ / die ~s·fähigkeit
(sich) le̲isten	achieve, work well; give; afford	viel ~ / jdm. erste Hilfe ~ / sich viel ~ können
fle̲ißig	hard-working	~ arbeiten / ein ~er Schüler
tü̲chtig	capable, competent, efficient	ein ~er Arbeiter / Er ist sehr ~.
akti̲v	active	~ sein / ~ mitarbeiten
zu̲verlässig	reliable	~ arbeiten / ~ sein / ≠ un~
gewi̲ssenhaft	conscientious	~ arbeiten / ein ~er Arbeiter
so̲rgfältig	careful	~ arbeiten / die ~e Prüfung

langsam	slow	~ arbeiten / ~ sein
faul	lazy	ein ~er Schüler / Sie ist ~.
nachlässig	careless	~ arbeiten / nur ~ kontrollieren
passiv	passive	sich ~ verhalten

1 werden: ich werde, er wird – wurde – ist geworden
2 können: kann – konnte – hat gekonnt

116 Arbeitgeber, Arbeitnehmer ▲ 80 Büro ▼ 121 Produktion

der Arbeitgeber, -	employer	~ sein / einen ~ haben
der Chef [ʃɛf], **-s**	boss	den ~ fragen / die Anweisungen des ~s / der ~arzt // die Chefin
der Direktor, Direktoren	director, manager	der ~ des Betriebs / der General~ // die Direktorin
übernehmen[1]	take on/over	die Leitung ~ / die Verantwortung ~
vertreten[2]	deputize/ stand in for	für kurze Zeit den Kollegen ~
die Verantwortung	responsibility	die ~ tragen / das ~s·gefühl / die Mit~
verantwortlich	responsible	~ sein für etw. / sich ~ fühlen
leiten	manage	den Betrieb ~ / die ~den Angestellten
führen	run, be in charge of	den Vorsitz ~ / einen Betrieb ~
die Führung, -en	management	die Betriebs~ / die Partei~
die Organi-sation, -en	organization	die ~ der Arbeit / die ~ der Produktion / bei einer ~ mitarbeiten
organisieren	organize	die Veranstaltung ~
beschäftigen	employ	Arbeiter und Angestellte ~ / bei einer Firma beschäftigt sein
die Stelle, -n	job, position	sich eine ~ suchen / eine gute ~ haben
die Stellung, -en	job, position	eine gute ~ haben
sich bewerben[3]	apply for a job	sich bei einer Firma um eine Stelle ~
die Bewerbung, -en	job applica-tion	das ~s·schreiben / Die ~ hat Aussicht auf Erfolg. / die ~ einreichen
geeignet sein	be right/ suited	für die Stelle ~ ~
einstellen	appoint	neues Personal ~ / eingestellt werden
der Arbeitnehmer, -	employee	die ~ eines Betriebes
der/die Angestellte, -n	employee, white-collar worker	die Firma hat 20 ~ / der Büro~
der Arbeiter, -	(blue-collar) worker, labourer	der ungelernte ~ / der Hilfs~ / der Fach~ // die Arbeiterin

die Mitbestimmung	worker participation, co-determination	mehr ~ fordern / das ~s·recht
kündigen	give notice (to), fire	jdm. ~ / ich kündige / gekündigt werden
entlassen[4]	make redundant	einen Angestellten ~ / Arbeiter ~
der Arbeitslose, -n	unemployed person	Der ~ bekommt ~n·unterstützung.
arbeitslos	unemployed	~ werden / lange ~ sein
der Betriebsrat, ⸚e	works council	den ~ wählen / sich an den ~ wenden
die Gewerkschaft, -en	trade union	das ~s·mitglied / der ~s·bund
der Streik, -s	strike	der General~ / der Warn~
streiken	be/go on strike	Die Arbeiter ~ für mehr Lohn.
anbieten[5]	offer	Man hat mir eine Stelle angeboten.
der/die Angehörige, -n	member	die ~n unserer Firma

1 übernehmen: ich übernehme, er übernimmt – übernahm – hat übernommen
2 vertreten: ich vertrete, er vertritt – vertrat – hat vertreten
3 sich bewerben: ich bewerbe mich, er bewirbt sich – bewarb sich – hat sich beworben
4 entlassen: ich entlasse, er entlässt – entließ – hat entlassen
5 anbieten: bietet an – bot an – hat angeboten

Arbeit   **117**

die Tätigkeit, -en	job	die berufliche ~ / eine anspruchsvolle ~
die Arbeit, -en	work, job	etw. macht viel ~ / seine ~ gut machen / viel ~ haben / ~ (einen ~s·platz) finden / zur ~ gehen
arbeiten	work	schwer ~ / in der Fabrik ~ / als Verkäuferin ~
der Dienst, -e	duty	~ haben / die ~zeit
der Job [dʒɔp], -s	temporary job	einen ~ suchen
die Schicht, -en	shift	die Früh~ / die Spät~ / die Nacht~
(sich) vorbereiten	prepare	alles gut ~ / sich auf eine Prüfung ~ / einen Vortrag ~
bereit	ready	~ sein / dazu ~ sein / sich ~ halten
anfangen[1]	start, begin	mit der Arbeit ~ / sofort ~ / um 7 Uhr ~
beginnen[2]	begin	Wir können ~.
tun[3]	do	viel zu ~ haben / „Was soll ich ~?" / „Was kann ich für Sie ~?"
machen	do, make	ein Experiment ~ / die Aufgaben ~
(sich) beschäftigen	deal; occupy (o.s.)	sich mit etw. ~

sich kümmern	deal (with), look (after), take care (of)	sich um etw. ~ / sich um jede Kleinigkeit ~ / sich um die Kinder ~
erledigen	finish; deal (with)	die Arbeit ~ / alles ~ / „Kannst du das für mich ~?"
fertig	finished	Ich bin mit meiner Arbeit ~. / Das Essen ist ~.
realisieren	realize, implement	den Plan ~
der Feierabend, -e	finishing time	Um 5 Uhr ist ~. / ~ machen
die Überstunde, -n	overtime	~n machen / die ~n extra bezahlen
der Urlaub	holiday(s)	der bezahlte ~ / die ~s·zeit / ~ in Spanien machen

1 anfangen: ich fange an, er fängt an – fing an – hat angefangen
2 beginnen: beginnt – begann – hat begonnen
3 tun: tut – tat – hat getan

118 Anstrengung, Erholung ▲ 14 Schlafen ▲ 112 Ferien

sich bemühen	make an effort, take trouble	sich sehr ~ / sich vergeblich ~ / sich um etw. ~
ehrgeizig	ambitious	~ sein / ein ~er Schüler
anstrengen	be tiring; exert (o.s.)	Schwere Arbeit strengt an. / sich bei der Arbeit ~
anstrengend	tiring	eine ~e Tätigkeit
die Mühe, -n	care, trouble, effort	sich ~ geben / Das ist nicht der ~ wert.
der Stress	stress	unter ~ leiden / die ~situation
sich beeilen	hurry (up)	Wir müssen uns ~.
pressieren (schweiz.)	hurry (up)	
müde	tired	von der Arbeit ~ sein
die Pause, -n	break	eine ~ machen / die Mittags~
(sich) ausruhen	have a rest	(sich) nach der Arbeit ~
sich erholen	relax	sich einen Tag ~
die Erholung	rest, relaxation	~ brauchen / der ~s·urlaub

119 Zusammenarbeit

die Zusammen-arbeit	cooperation	Die ~ mit den Kollegen ist gut. / ~ mit anderen / ~ mit den Kollegen
zusammen	together	~arbeiten / mit ihr ~ / alle ~
die Gruppe, -n	group	eine ~ von mehreren Arbeitern
das Team [ti:m], -s	team	im ~ arbeiten / ein ~ bilden

gemeinsam	together; joint	~ etw. unternehmen / ~e Freunde haben
die Gemein-schaft, -en	(sense of) communitiy	eine gute ~
der Kollege, -n	colleague	der gute Kontakt zu den ~n // die Kollegin
der Partner, -	partner	der Geschäfts~ / die Ehe~ // die Partnerin
einander	each other	~ helfen / mit~ / zu~ stehen
die Hilfe	help	~ suchen / ~ leisten
helfen[1]	help	jdm. ~ / sich zu ~ wissen / Dieses Mittel hilft immer.
unterstützen	support	jdn. bei seiner Arbeit ~ / jdn. mit Geld ~
der Vorteil, -e	advantage	einen ~ haben / im ~ sein
nützlich	useful	~ sein / ein ~er Hinweis
nötig	necessary	Hilfe ~ haben / für ~ halten / wenn ~, ...
notwendig	necessary	das ist absolut ~ / Für diese Arbeit ist es ~, gut Deutsch zu können.
nützen	help; be useful	jdm. damit ~ / Die Ratschläge ~ mir nichts.
stören	disturb	jdn. bei der Arbeit ~ / sich nicht ~ lassen
behindern	hinder, hamper, impede	den Verkehr ~ / die Produktion ~
hindern	hinder; stop/ prevent (s.o. doing s.th.)	jdn. an etw. ~ / daran ~, ...
schaden	harm, hurt	jdm. ~ / Es kann nicht ~, wenn ...
der Nachteil, -e	disadvantage	ein großer ~ / ~e vermeiden

1 helfen: ich helfe, er hilft – half – hat geholfen

Erfolg, Misserfolg   120

der Versuch, -e	attempt	einen ~ wagen
versuchen	try	~, etw. zu erreichen / etw. noch einmal ~
das Ergebnis, -se	result	ein gutes ~ / ein schlechtes ~
das Resultat, -e	result	das ~ abwarten / ein gutes ~ erzielen
der Erfolg, -e	success	„Viel ~!" / ~ haben / mit großem ~ / Diese Erfindung war ein großer ~.
die Chance ['ʃãːsə], -n	chance	eine gute ~ / die ~ nutzen
(sich) verbessern	improve	die Qualität ~ / die Fehler ~ / Die Situation hat sich um vieles verbessert.
die Ver-besserung, -en	improvement	die ~ des Produktes
erreichen	reach, achieve	sein Ziel ~ / den Zug ~ / „Sie können mich bis 14 Uhr telefonisch ~."

schaffen[1]	succeed	„Du wirst es schon ~!"
gelingen[1]	succeed	Es gelang ihr, ihn zu überreden.
klappen	work out	Das klappt nicht immer.
sich lohnen	be worth it	Das hat sich gelohnt.
der Misserfolg, -e	failure	Das ist ein ~. / einen ~ haben
misslingen[2]	fail, be unsuccessful	Der Versuch ist misslungen.
vergeblich	in vain	~ warten / ~ hoffen
umsonst	in vain, for nothing	Alles war ~. / Er hat ~ gearbeitet.
aufgeben[3]	give up	seinen Plan ~ / seine Stelle ~

1 gelingen: gelingt – gelang – ist gelungen
2 misslingen: es misslingt – es misslang – es ist misslungen
3 aufgeben: ich gebe auf, er gibt auf – gab auf – hat aufgegeben

TEST

1 **Ordnen Sie die folgenden Wörter in zwei Gruppen.**

fleißig, langsam, nachlässig, zuverlässig, sich anstrengen, fähig, faul

Guter Arbeiter: _____, _____, _____, _____

Schlechter Arbeiter: _____, _____, _____

2 **Ordnen Sie die folgenden Wörter in zwei Gruppen.**

Direktor, Angestellter, Arbeiter, Chef, streiken, entlassen

Arbeitgeber: _____, _____, _____

Arbeitnehmer: _____, _____, _____

3 Gegensätze

1. Lehrling: _____ 2. faul: _____ 3. einstellen: _____

4. nachlässig: _____ 5. anfangen: _____

6. helfen: _____ 7. Vorteil: _____ 8. Erfolg: _____

4 Definitionen

1. Jemand, der auf einem Gebiet alles weiß: _____ 2. Eine Stelle haben wollen: _____ 3. Die Arbeit zeitweise niederlegen, um eine Forderung durchzusetzen: _____ 4. Jemand, der keine Arbeit hat, ist _____. 5. Die Interessenvertretung der Arbeiter: _____

6. Eine kurze Unterbrechung der Arbeit, um sich zu erholen: _____

7. Die arbeitsfreie Zeit am Abend: _____ 8. Mehrere Wochen arbeitsfreie Zeit im Jahr: _____

5 Arbeit

1. tätig sein

2. jemand, der arbeitet

3. ohne Arbeit

4. Dort wird Arbeit vermittelt.

5. jemand, der Arbeiter beschäftigt

6. Länge der Arbeit

7. jemand, der für Geld arbeitet

A R B E I T

1
2
3
4
5
6
7

Wirtschaft
Economy

die Wirtschaft	technology, technique	die soziale Markt~ / der ~s·minister / die ~s·krise
die Industrie, -n	industry	die Stahl~ / die Elektro~ / die chemische ~ / das ~gebiet / der ~verband
der Betrieb, -e	firm, company, factory	der Groß~ / den ~ leiten
die Firma, Firmen	firm	eine ~ gründen
das Werk, -e	factory, works	das Volkswagen~ / die ~s·halle
die Fabrik, -en	factory	das ~gebäude / das ~gelände / in der ~ arbeiten
die Gesellschaft, -en	company	die Aktien~ (AG) / die ~ mit beschränkter Haftung (GmbH)
die Werkstatt, ⁻en	workshop	die ~ eines Handwerkers / das Auto zur ~ bringen
die Anlage, -n	equipment, installations	die technischen ~n
entwickeln	develop	ein neues Produkt ~
die Produktion, -en	production	die ~ steigern / die ~ von Autos
die Methode, -n	method	eine neue ~ entwickeln
das System, ~e	system	das ~ anwenden
das Verfahren, -	procedure, process	das Produktions~
herstellen	produce	Möbel ~ / Autos ~ / Arzneimittel ~
produzieren	produce	Waren ~
das Produkt, -e	product	das Qualitäts~ / ein neues ~
das Erzeugnis, -se	product	ein deutsches ~
das Modell, -e	model	die neuen Auto~e
die Serie, -n	series	in ~ produzieren / eine neue ~

die Technik, -en	technology, technique	die moderne ~ / bestimmte ~en beherrschen
technisch	technical	die ~en Möglichkeiten / die ~e Störung
der Mechaniker, -	mechanic	der Auto~ / Der ~ repariert die Maschine.
der Ingenieur [ɪnʒe'niøːɐ], -e	engineer	der Diplom~ / ~ werden wollen
die Maschine, -n	machine	der ~n·bau / die Schreib~

der Apparat, -e	apparatus	der Foto~ / der Rasier~ / den ~ ausschalten
das Gerät, -e	appliance	das Küchen~ / Haushalts~e
der Computer [kɔm'pjutɐ], -	computer	am ~ arbeiten
die Maus	mouse	mit der ~ auf ein Symbol klicken
(an)klicken	click	zweimal an~
die Tastatur, -en	keyboard	die bequeme ~
die Taste, -n	key	auf eine ~ drücken
der Bildschirm, -e	screen	ein großer ~ / am ~ arbeiten
der Monitor, -s	monitor	
die Diskette, -n	disk	den Text auf ~ speichern
die CD-ROM, -s	CD-ROM	
die Software	software	~ kaufen, neue ~ verwenden
die Datei, -en	file	eine ~ speichern
die Festplatte, -n	hard disk	die Datei auf (der) ~ speichern
das Laufwerk, -e	disk drive	das ~ ist wohl kaputt
speichern	save	Daten ~
der Drucker, -	printer	einen neuen ~ verwenden
das Internet	internet	im ~ surfen
der Automat, -en	dispenser, (vending) machine	der Getränke~ / der Fahrkarten~ / Zigaretten aus dem ~en
automatisch	automatic	Das geschieht ~. / Die Rückzahlung kommt ~.
bedienen	operate	die Maschine ~ / Sie ist leicht zu ~.
die Bedienung	operation	die ~ der Maschine
drücken	press	den Knopf ~ / auf den Hebel ~
einsetzen	use, make use of	den Computer ~ / eine neue Maschine ~
einstellen	adjust	das Gerät richtig ~
schalten	switch	auf 1 ~ / ein~ / aus~ / in den 3. Gang ~
die Gebrauchsanweisung, -en	instructions (for use)	die ~ genau beachten
funktionieren	work, function	„Wie funktioniert das?" / Die Zusammenarbeit funktioniert nicht immer.
praktisch	practical	ein ~es Gerät / ~e Erfahrungen sammeln / ≠ un~ / ≠ theoretisch
kaputt	broken	~gehen / ~machen / Das Fahrrad ist ~.
die Reparatur, -en	repair	die ~werkstatt / die ~kosten
reparieren	repair	den Motor ~ / die Bremsen ~
das Werkzeug, -e	tool	der ~kasten
der Hammer, ⸚	hammer	mit dem ~ schlagen
der Nagel, ⸚	nail	den ~ ins Holz schlagen / den ~herausziehen

die Schr**au**be, -n	screw	die ~n·mutter / der ~n·schlüssel / der ~n·zieher
die Z**a**nge, -n	pliers	die Kneif~
b**o**hren	drill	ein Loch in die Wand ~
h**a**rt	hard	~ wie Stein
gl**a**tt	smooth, slippery	die ~e Oberfläche / spiegel~
verw**e**nden	use	die Kneifzange ~
gebr**au**chen	use	etw. gut ~ können / ein gebrauchtes Auto kaufen
ben**u**tzen	use	den Hammer ~ / die öffentlichen Verkehrsmittel ~
d**ie**nen	serve	Dieses Werkzeug dient zum Bohren.
der H**a**ken, -	hook	an den ~ hängen
h**ä**ngen[1]	hang	Das Bild hängt an der Wand. / etw. in den Schrank ~

1 hängen: hängt – hing – hat gehangen; hängen: hängt – hängte – hat gehängt

123 Rohstoffe

der R**o**hstoff, -e	raw material	~e importieren / die ~e verarbeiten
das Materi**a**l [mate'ria:l], -e	material	die ~kosten / der ~fehler
das Met**a**ll, -e	metal	die ~industrie
das **Ei**sen	iron	aus ~ / das ~erz
r**o**sten	rust	Das Eisen rostet. / ver~
der St**a**hl	steel	die ~industrie / der ~beton
das K**u**pfer	copper	der ~draht / das ~blech
das Bl**e**ch, -e	tin	die ~dose / dünnes ~
der Dr**a**ht, ⸚e	wire	der elektrische ~ / der Kupfer ~
der K**u**nststoff, -e	plastic	aus ~
das Pl**a**stik	plastic	ein Eimer aus ~
die Chem**ie**	chemical	die ~industrie
ch**e**misch	chemical	die ~en Produkte
k**ü**nstlich	artificial	das ~e Licht / die ~e Ernährung
nat**ü**rlich	natural	die ~en Rohstoffe

124 Energie

| die Energ**ie**, -n | energy | der ~bedarf / die ~versorgung / alternative ~n |
| die K**o**hle, -n | coal | die Stein~ / die Braun~ / mit ~ heizen |

das Öl, -e	oil	das Erd~ / das Heiz~ / Das Auto verbraucht viel ~.
das Gas, -e	gas	das Erd~
das Atom, -e	atom	die ~energie
Kern-	atomic	die ~energie / das ~kraftwerk
das Kraftwerk, -e	power station	das Kohle~ / das Atom~ / das Wasser~
der Strom	electricity	der elektrische ~ / der ~verbrauch
elektrisch	electric, electrical	die ~en Haushaltsgeräte
Elektro-	electric, electrical	der ~ingenieur / das ~geschäft
die Leitung, -en	cable, wire	die elektrische ~
der Stecker, -	plug	den ~ in die Steckdose stecken
die Steckdose, -n	socket	die ~ in der Wand
die Lampe, -n	lamp, light	das ~n·licht / die Taschen~
die Glühbirne, -n	bulb	eine neue ~ in die Lampe schrauben
die Birne, -n	bulb	Die ~ ist kaputt.
der Schalter, -	switch	der Licht~
anmachen	switch/turn on	das Licht ~ / die Heizung ~
an sein[1]	be on	Das Licht ist an.
aus sein	be off	Die Heizung ist aus.
verbrauchen	use	viel Strom ~ / wenig Benzin ~
ausmachen	switch/turn off	das Licht ~ / die Maschine ~
ausschalten	switch/turn off	die Lampe ~
ausgehen[2]	go out	Das Licht ist ausgegangen.
die Batterie, -n [-iːən]	battery	eine ~ für die Taschenlampe

1 an sein: ist an – war an – ist an gewesen
2 ausgehen: geht aus – ging aus – ist ausgegangen

Handel _____ **125**

die Ware, -n	goods, merchandise	das ~n·angebot / das ~n·lager
der Artikel, -	article	Für diesen ~ besteht kein Bedarf.
die Marke, -n	make, brand	die Auto~
die Qualität, -en	quality	die ~s·waren / die ~ des Weines
die Garantie	guarantee	der ~schein / „Auf die Uhr geben wir ein halbes Jahr ~."
der Handel	trade	der Außen~ / der Welt~ / der Groß~ / ~ treiben mit jdm.
handeln	trade	mit Autos ~ / mit Rohstoffen ~
kommerziell	commercial	die ~en Interessen
der Export, -e	export	der deutsche ~ / der ~ von Autos

der Import, -e	import	der ~ von Rohstoffen
exportieren	export	Maschinen ~ / chemische Produkte ~
importieren	import	Erdöl ~
die Messe, -n	fair	auf der ~ Waren ausstellen / die ~hallen
die Konkurrenz	competition	jdm. ~ machen / zur ~ gehen
die Werbung	advertising	die Fernseh~ / ~ machen
die Reklame, -n	advertisement	die ~ in der Zeitung
die Anzeige, -n	advertisement	mit ~n in der Zeitung werben
die Annonce [a'nõːsə], -n	advertisement	
der Prospekt, -e	brochure, prospectus	~e zugeschickt bekommen
das Plakat, -e	poster	ein ~ ankleben / die ~werbung
der Vertreter, -	salesperson, representative	der ~besuch / Der ~ besucht die Kunden.
anbieten[1]	offer	Waren ~ / Hilfe ~
bieten[1]	offer	100 € dafür ~
das Angebot, -e	offer	ein ~ machen / ein ~ annehmen / das Sonder~
empfehlen[2]	recommend	ein Hotel ~ / „Was können Sie mir ~?"
günstig	favourable, reasonable	ein ~es Angebot machen / ~ einkaufen
der Katalog, -e	catalogue	der Waren~ / den ~ studieren
die Nachfrage	demand	Die ~ ist groß. / die ~ nach etw.
der Bedarf	demand	es besteht ein großer ~ an ...
brauchen	need	neue Schuhe ~ / Hilfe ~
(sich) aussuchen	choose, select	(sich) ein Buch ~
der Auftrag, ¨e	order, commission	einen ~ erteilen / der ~geber
bestellen	order	Waren ~ / Möbel ~
sich anschaffen	buy, purchase	sich neue Möbel ~ / sich ein Auto ~
liefern	supply, deliver	die bestellten Waren ~ / frei Haus ~
die Lieferung, -en	delivery	die ~ der bestellten Waren
der Verbraucher, -	consumer	Der ~ ist zufrieden. / die ~preise

1 anbieten: bietet an – bot an – hat angeboten
2 empfehlen: ich empfehle, er empfiehlt – empfahl – hat empfohlen

126 Geschäft

das Geschäft, -e	shop	das Fach~ / ~e machen / der ~s·mann
der Laden, ¨	shop	der ~tisch / einen ~ aufmachen
das Kaufhaus, ¨er	department store	ins ~ gehen / im ~ kaufen
das Warenhaus, ¨er	department store	

das Schaufenster, -	shop window	etw. im ~ sehen / die ~dekoration
der Supermarkt, ⁻e	supermarket	im ~ kaufen
der Kiosk, -e	kiosk	der Zeitungs~ / etw. am ~ kaufen
die Trafik, -en (österr.)	kiosk	in der ~ gibt es Zeitungen
die Fußgänger-zone, -n	pedestrian precinct	In dieser Stadt gibt es eine ~.
der Verkäufer, -	shop assistant	Der ~ bedient die Kunden. // die Verkäu-ferin
bedienen	serve	die Kunden ~ / freundlich bedient werden
verkaufen	sell	etw. billig ~ / teuer ~
der Kunde, -n	customer, client	der Stamm~ / der ~n·dienst // die Kundin
(sich) kaufen	buy	(sich) ein neues Auto ~ / Hier kaufst du günstig.
einkaufen	go shopping	im Supermarkt ~ / ~ gehen
neu/neuer/neu(e)ste	new	die ~e Waschmaschine
der Markt, ⁻e	market	der ~platz / auf den ~ gehen / die ~halle / neue Produkte auf den ~ bringen / der Arbeits~
eröffnen	open	ein Geschäft ~

▼ 142 Transport **127**

Verpackung

das Lager, -	store; stock	das ~haus / etw. auf ~ haben
die Verpackung, -en	wrapping, packaging	eine schöne ~
die Kiste, -n	box	eine schwere ~ / die Zigarren~
der Kasten, ⁻	box	ein ~ Bier / ein ~ Mineralwasser
das Paket, -e	parcel	ein ~ schicken / ein ~ bekommen
das Päckchen, -	packet, small parcel	das ~ zur Post bringen
die Packung, -en	packet	eine ~ Kekse
packen	pack (up)	den Koffer ~ / etw. ein~
einpacken	wrap up	die Waren ~ / das Geschenk ~ / Sachen für die Reise ~
auspacken	unpack	das Geschenk ~ / den Koffer ~
die Schachtel, -n	box	eine ~ Zigaretten / eine ~ Streichhölzer
die Tüte, -n	bag	eine ~ Zucker / die Plastik~
die Büchse ['bʏksə], -n	tin, can	das ~n·fleisch / der ~n·öffner
die Tube, -n	tube	die Farb~ / eine ~ Zahnpasta

der Container	container	in den ~ verladen / die ~ transportieren
[kɔn'te:nɐ], -		
enthalten[1]	contain	Die Schachtel enthält Zigaretten.
der Bindfaden, ⸚	string	ein Stück ~ / fester ~
kleben	glue, stick	etw. zu~ / etw. fest~ / ein Pflaster auf~
der Klebstoff, -e	glue	eine Tube ~

1 enthalten: enthält – enthielt – hat enthalten

128 Gewicht

das Gewicht, -e	weight	ein schweres ~ / das ~ des Pakets / Seine Worte haben ein großes ~.
leicht	light	eine ~e Tasche / feder~
schwer	heavy	ein ~es Paket / ~ tragen
die Waage, -n	(pair of) scales	etw. auf die ~ legen
wiegen[1]	weigh	Das Päckchen wiegt zwei Kilo. / „Bitte ~ Sie diesen Brief."
das Gramm	gram	250 ~ Kaffee
das Pfund	pound	eine halbes ~ Butter / zwei ~ Zucker
der Zentner, -	(metric) hundred-weight	ein ~ Kartoffeln / der Doppel~
das Kilo(gramm)	kilo(gram)	ein ~ Fleisch

1 wiegen: wiegt – wog – hat gewogen

129 Preis

der Wert, -e	value	der ~ der Ware / der ~ des Geldes
wert (sein)	be worth	Das Haus ist 500 000 Euro ~. / sehens~ / preis~
der Preis, -e	price	die ~liste / den ~ bezahlen
die Kosten (Pl.)	cost(s)	die hohen ~ / die Herstellungs~
kosten	cost	„Was kostet das?" / Zeit und Mühe ~
teuer	expensive	Das Auto ist sehr ~. / ein teurer Laden
preiswert	cheap, reasonable	ein ~es Angebot machen
billig	cheap	~e Waren / etw. ~ kaufen
umsonst	free	etw. ~ dazubekommen / Das ist ~.
gratis	free	den Katalog ~ bekommen
die Kasse, -n	check-out, cash-desk, till	an der ~ bezahlen / Das Geld liegt in der ~.

zahlen	pay	den Betrag ~ / auf das Konto ein~ / Strafe ~ / Steuern ~
bezahlen	pay	die Rechnung ~
bar	(in) cash	~ bezahlen / ~es Geld / Bargeld
die Rechnung, -en	bill, invoice	die ~ bezahlen / eine ~ ausstellen
die Quittung ['kvɪtʊŋ], -en	receipt	eine ~ verlangen / eine ~ bekommen
abrechnen	cash up	die Reisekosten ~

die Währung, -en	currency	die ausländische ~
die Wechsel-stube, -n	bureau de change	in die ~ gehen / in der ~ Geld wechseln
wechseln	change	„Können Sie mir die 20 Mark ~?" / 100 Euro in Dollars ~
umtauschen	change	Geld ~ / gekaufte Ware ~
das Geld	money	~ verdienen / ~ ausgeben / ~ sparen / das Taschen~
der Euro	euro	mit ~ bezahlen
die Mark	mark	die Deutsche ~ / Das kostet 10 ~. / der Zehn~schein / das ~stück
der Pfennig, -e	pfennig	das 10-~-Stück / Das kostet 50 ~.
der Schein, -e	note	der Geld~ / der 100-Mark-~
die Geldbörse, -n	purse, wallet	Kleingeld in der ~ haben
das Portmonee, -s	purse, wallet	Geld aus dem ~ nehmen
die Bank, -en	bank	Geld auf die ~ bringen / das ~konto
die Sparkasse, -n	(savings) bank	zur ~ gehen / ein Konto bei der ~ haben
das Konto, Konten	account	das Bank~ / der ~auszug / ein ~ eröffnen
eröffnen	open	ein Konto ~
einzahlen	pay in	Geld auf das Konto ~
abheben[1]	withdraw	Geld vom Konto ~
überweisen[2]	transfer	Geld ~ / Geld an die Firma ~
die Zinsen (Pl.)	interest	4,5 % ~ bekommen / ~ zahlen
das Prozent, -e	percentage	der ~satz / 6 ~ Zinsen (%) / hundert ~ = 100 %
der Scheck, -s	cheque, (US) check	einen ~ ausstellen / mit ~ zahlen
die Scheckkarte, -n	cheque card	die ~ vorzeigen
das Kapital	capital	~ besitzen / das ~ gut anlegen
die Mittel (Pl.)	means, funds	Dazu fehlen mir die ~.
der Kredit, -e	credit	einen ~ bekommen / etw. auf ~ kaufen
die Kreditkarte, -n	credit card	mit ~ bezahlen
die Schulden (Pl.)	debts	seine ~ bezahlen

| finanziell | financial | die ~e Lage / ~ geht es ihm jetzt besser. |
| die Inflation | inflation | die ~s·rate / die ~ bekämpfen |

1 abheben: hebt ab – hob ab – hat abgehoben
2 überweisen: überweist – überwies – hat überwiesen

131 Einkommen ▲ 116 Arbeitsplatz

verdienen	earn	Geld ~ / 4000 Euro ~
der Lohn, ⁼e	wage(s)	der Tarif~ / die ~erhöhung
das Gehalt, ⁼er	salary	Die Familie lebt von seinem ~. / die ~s·zahlung
der Tarif, -e	(wage) rate	nach ~ bezahlt werden / der ~vertrag
die Rente, -n	pension	eine ~ beantragen / eine ~ bekommen / in ~ gehen
die Pension, -en	pension	eine ~ beziehen
das Einkommen, -	income	ein gutes ~ haben / das ~ versteuern
die Einnahme, -n	takings	die Tages~n eines Geschäftes
der Gewinn, -e	profit	einen ~ machen / ~ und Verlust
die Steuer, -n	tax	~n zahlen / die ~n werden erhöht
das Finanzamt, ⁼er	inland revenue, internal revenue service, tax office	die Steuern an das ~ zahlen
der Beitrag, ⁼e	contribution	der Krankenkassen~ / den ~ bezahlen
die Gebühr, -en	fee	Die ~ beträgt 50,– €.

132 Besitz

haben¹	have	ein Auto ~ / ein Haus ~ / Glück ~
das Eigentum	property	Das ist mein ~. / die ~s·wohnung / das ~ der Stadt
der Besitz, -e	property	der Privat~
der Eigentümer, -	owner	der ~ des Autos // die Eigentümerin
der Besitzer, -	owner	der Haus~ // die Besitzerin
der Inhaber, -	owner	der ~ des Geschäfts // die Inhaberin
gehören	belong (to)	Das Auto gehört ihm.
besitzen²	possess, own	ein Haus ~
eigen-	own	mein ~es Auto / eine ~e Meinung haben
wessen ...?	whose ...?	~ Auto ist das?

Possessivpronomen

m**ei**n, m**ei**ne, m**ei**n, m**ei**ne	my
d**ei**n, d**ei**ne, d**ei**n, d**ei**ne	your
s**ei**n, s**ei**ne, s**ei**n, s**ei**ne	his, its
ihr, **i**hre, **i**hr, **i**hre	her, its
unser, **u**nsere	our
euer, **eu**re	your
ihr, **i**hre	their

das Verm**ö**gen, -	wealth, fortune	~ haben / ein großes ~ erben
r**ei**ch	rich	~ sein / eine ~e Frau / ~e Leute / Dieses Land ist ~ an Bodenschätzen.
gro**ß**zügig	generous	ein ~es Geschenk / ein ~er Mensch / Das ist ~ von dir.
ausgeben³	spend	Geld ~ / wenig ~
sp**a**rsam	thrifty, economical	~ sein / ~ leben / Dieser Wagen ist ~ im Verbrauch.
sp**a**ren	save	Geld ~ / am Essen ~ / Energie ~
g**ei**zig	mean, miserly	~ sein
ben**ei**den	envy	jdn. um etw. ~
der N**ei**d	envy	aus ~ / den ~ erregen
n**ei**disch	envious	~ sein auf jdn. / ein ~er Blick

1 haben: hat – hatte – hatte gehabt
2 besitzen: besitzt – besaß – hat besessen
3 ausgeben: ich gebe aus, er gibt aus – gab aus – hat ausgegeben

Armut 133

die **A**rmut	poverty	in ~ leben
arm	poor	~ sein / ~e Leute / ~ an Kalorien
die N**o**t, ¨e	need	~ leiden / in ~ sein / der ~ausgang
ohne	without	~ Geld / ~ Einkommen
soz**ia**l	social	~e Probleme / das Sozialamt
der Soz**ia**larbeiter ,-	social worker	sich vom ~ helfen lassen

Geben, nehmen 134

b**i**tten¹	ask	jdn. um etw. ~ / um Geld ~
b**i**tte	please	„Kommen Sie ~ !" / „Ein Bier, ~ !" / „~ schön!" / „ (Wie) ~?"

der Wunsch, ⸚e	wish, desire	einen ~ haben / Das ist mein ~. / „Richten Sie bitte meine besten ⸚e aus!"
(sich) wünschen	wish (for), want	jdm. alles Gute ~ / sich etw. ~
fordern	demand	sein Recht ~ / eine Lohnerhöhung ~
verlangen	demand	etw. von jdm. ~ / Dieses Modell wird viel verlangt.
der Anspruch, ⸚e	claim, entitlement	der ~ auf Rente / einen ~ darauf haben
für	for	das Geschenk ist ~ ...
geben²	give	ein Trinkgeld ~ / eine Antwort ~ / jdm. etw. zu lesen ~ / Der Arzt gab der Patientin eine Spritze.
(sich) erfüllen	fulfil	jdm./sich einen Wunsch ~ / die Bitte ~ / einen Vertrag ~ / Seine Erwartungen haben sich nicht erfüllt.
(jdm./sich etwas) besorgen	get, busy	ein Taxi ~ / sich selbst Karten ~
schenken	give (as a present)	jdm. etw. zum Geburtstag ~ / etw. ver~
das Geschenk, -e	present	viele ~e bekommen / die Weihnachts~e
verteilen	distribute, share out	Briefe ~ / Geschenke ~
tauschen	exchange	Briefmarken ~ / etw. um~ / etw. ein~
leihen³	lend, borrow	etw. ver~ / sich etw. ~ / Geld ~
nehmen⁴	take	sich etw. ~ / jdm. etw. weg~ / etw. an~
bekommen⁵	receive, get	Geschenke ~ / Briefe ~
erhalten⁶	receive, get	einen Auftrag ~ etw. zu tun
kriegen²	get	„Ich habe nichts gekriegt."
abgeben²	hand in/ over, leave	ein Päckchen bei jdm. ~ / die Jacke an der Garderobe ~
behalten⁶	keep	das Geld ~ / den Prospekt ~
danken	thank	jdm. für etw. ~ / jdm. etw. ver~ / „Möchten Sie noch etwas Tee?" „Nein, danke!" / „Dieser Brief ist für Sie." „Danke (schön/sehr)." / „Guten Appetit!" „Danke, gleichfalls."
sich bedanken	say thank you	sich für etw. ~ / sich herzlich ~
danke	thank you	„~!" / „~ schön" / „~ sehr!"
der Dank	thanks	„Vielen ~!" / „Gott sei ~." / ~ sagen
dankbar	grateful	~ sein / ≠ un~
annehmen⁴	accept	ein Geschenk ~ / eine Einladung ~

1 bitten: bittet – bat – hat gebeten

2 geben: ich gebe, er gibt – gab – hat gegeben

3 leihen: leiht – lieh – hat geliehen
4 nehmen: ich nehme, er nimmt – nahm – hat genommen
5 bekommen: bekommt – bekam – hat bekommen
6 erhalten: ich erhalte, er erhält – erhielt – hat erhalten

TEST

1 **Welche Wörter gehören zusammen?**

arm, reich, billig, schwer, unverbindlich

1. Angebot: _____ 2. Not: _____ 3. Vermögen: _____

4. Preis: _____ 5. Waage: _____

2 **Gegensätze**

1. Export: _____ 2. verkaufen: _____

3. billig: _____ 4. reich: _____ 5. geben: _____

3 **Synonyme**

1. herstellen: _____ 2. Reklame: _____

3. Geschäft: _____ 4. Besitz: _____

4 **Definitionen**

1. Hammer und Zange sind _____. 2. Eisen und Kupfer sind

_____. 3. Ein Werk, das Strom erzeugt: _____ 4. Hundert

Pfennige: _____ 5. Ein Stück Papier, auf dem steht, dass die gekaufte

Ware von guter Qualität ist: _____ 6. Ein Stück Papier, auf dem der

Preis der gekauften Ware steht: _____ 7. Ein Stück Papier, auf dem

steht, dass der Preis bezahlt worden ist: _____ 8. Jemand, der viel Geld

hat, ist _____. 9. Das Geld, das sich jemand geborgt hat und das er

zurückzahlen muss: _____

135 Straßen

die Straße, -n	road, street	die Land~ / die Haupt~ / die Neben~ / der ~n·name
der Bürgersteig, -e	pavement, (US) sidewalk	auf dem ~ gehen
der Gehsteig, -e (süddt./österr.)	pavement, sidewalk	
das Trottoir, -s (schweiz.)	pavement, sidewalk	
die Einbahn-straße, -n	one-way street	die ~ befahren
die Ausfahrt, -en	exit	die ~ freihalten / die Autobahn~
die Abfahrt, -en (österr.)	exit	die ~ Wien-Schwechart
der Platz, ̈-e	square	der Markt~
die Kreuzung, -en	crossing, intersection, crossroads	eine gefährliche ~
die Ampel, -n	traffic light	Die ~ zeigt „Rot". / vor der ~ warten
die Vorfahrt	priority	die ~ beachten
das Schild, -er	sign	das Verkehrs~ / das Nummern~ am Auto
das Verkehrs-zeichen, -	traffic sign	die ~ beachten
die Umleitung, -en	diversion	das ~s·schild
die Autobahn, -en	motorway, expressway	auf der ~ fahren / das ~kreuz
die Bundes-straße, -e	main road	auf der ~ fahren / die ~ 70
der Weg, -e	way, path, track	der Wald~ / der Feld~ / der Rad~ / der kürzeste ~ / Ich weiß keinen anderen ~.
die Kurve ['kʊrfə], -n	bend	in die ~ fahren / die kurvenreiche Strecke
markieren	mark	Der Radweg ist markiert.

136 Verkehr

▼ 184 Bewegung ▼ 185 Geschwindigkeit

der Verkehr	traffic	der Rechts~ / der Gegen~ / den ~ regeln
der Fußgänger, -	pedestrian	Die ~ gehen auf dem Bürgersteig.
gehen	walk	spazieren ~ / weg~ / hin~ / weiter~
der Schritt, -e	step	einen ~ nach vorn machen / ~ für ~

treten[2]	tread, step	ins Haus ein~ / weg~ / hervor~ / das Pedal ~ / in etw. ~
das Fahrrad, ¨er / das Rad, ¨er	bicycle	das Herren~ / das Damen~ / mit dem ~ fahren
der Radfahrer, -	cyclist	Die ~ fahren auf dem Radweg. // die Radfahrerin
das Motorrad, ¨er	motor cycle	ein schweres ~ / der ~fahrer
das Auto, -s	car	~ fahren / die ~fabrik / ein ~ kaufen
der Wagen, -	car	der Sport~ / der Gebraucht~
das Taxi, -s	taxi	„Hallo, ~!" / mit dem ~ fahren / ein ~ bestellen
der Kofferraum	boot, (US) trunk	das Gepäck in den ~ legen
das Verkehrs-mittel, -	means of transport	die öffentlichen ~ benutzen
der Autobus, -se	bus	auf den ~ warten / mit dem ~ fahren
der Bus, -se	bus	der Linien~ / der Reise~
der Lastkraft-wagen, -	lorry, truck	ein schwerer ~
der LKW ['ɛlkaːveː], -s	lorry, truck	Für ~s gesperrt!

1 gehen: geht – ging – ist gegangen

2 treten: ich trete, er tritt – trat – ist getreten

3 Rad fahren: ich fahre Rad, er fährt Rad – fuhr Rad – ist Rad gefahren

Auto fahren ▼ 185 Geschwindigkeit ▼ 186 Richtung 137

der Motor, -en	engine	der starke ~ / der Benzin~ / der Diesel~
das Benzin	petrol, (US) gas	das Super~ / das Normal~ / der ~preis
die Tankstelle, -n	service/petrol station	an der nächsten ~ halten
tanken	fill up (with petrol)	Diesel ~ / bleifrei ~ / voll~
das Abgas, -e	exhaust (fume)	die ~e des Autoverkehrs
das Rad, ¨er	wheel	das Vorder~ / das Hinter~ / das Reserve~
der Reifen, -	tyre, tire	die ~panne / der Winter~
der Pneu, -s (schweiz.)	tyre, tire	
(sich) drehen	turn	Das Rad dreht sich. / das Steuerrad ~ / um~ und zurückfahren
der Fahrer, -	driver	der Auto~ / der ~ des Busses
der Chauffeur, -e (schweiz.)	driver	
starten	start	den Motor ~

der Gang, ¨e	gear	der erste ~ / den ~ einlegen / der Rückwärts~
die Fahrt, -en	trip, journey	die Auto~ / die Hin~ / die Rück~
fahren[1]	drive, go	mit dem Auto ~ / nach München ~ / jdn. nach Hause ~ / ab~ / weg~ / los~ / weiter~ / zu schnell ~
überholen	overtake	den LKW ~
die Geschwindigkeitsbeschränkung, -en	speed limit	die ~ einhalten
hupen	hoot, sound the horn	Nicht ~! / jdn. an~
die Bremse, -n	brake	auf die ~ treten / die Hand~ ziehen
bremsen	brake	Der Fahrer bremst. / Das Auto bremst.
anhalten[2]	stop	Der Bus hält an. / vor der Ampel ~
stoppen	stop	bei Rot ~ / von der Polizei gestoppt werden
der Stau, -s	traffic jam	der ~ auf der Autobahn / ein langer ~
parken	park	das Auto ~ / vor dem Haus ~
das Parkhaus, ¨er	multi-storey car park	ins ~ fahren
der Parkplatz, ¨e	car park	einen ~ suchen / einen ~ finden
die Parkuhr, -en	parking meter	Geld in die ~ werfen
die Garage [ga'ra:ʒə], -n	garage	eine ~ mieten / das Auto in die ~ stellen
der Führerschein, -e	driving licence, driver's licence	den ~ machen / einen ~ haben / der internationale ~

1 fahren: ich fahre, er fährt – fuhr – ist gefahren
2 anhalten: ich halte an, er hält an – hielt an – hat angehalten

138 Panne, Unfall ▲ 30 Verletzung ▲ 109 Polizei

der Sicherheitsgurt, -e	safety/seat belt	den ~ anlegen
sich anschnallen	put on your seatbelt	sich im Auto ~
die Panne, -n	breakdown	die Auto~ / die Reifen~ / eine ~ haben
abschleppen	tow away	das kaputte Auto ~ lassen
der Unfall, ¨e	accident	ein schwerer ~ / einen ~ verursachen
zusammenstoßen[1]	collide	Die Autos sind zusammengestoßen.
überfahren[2]	run over, knock down	jdn. ~ / einen Radfahrer ~ / ~ werden
die Katastrophe, -n	disaster, catastrophe	Das ist eine ~. / die Flugzeug~

der Schaden, ⁓	damage	der Sach~ / der Personen~ / einen ~ verursachen
beschädigen	damage	das Auto ~ / die Stoßstange ~
die Versicherung, -en	insurance	die Haftpflicht~ / eine Lebens~ abschließen
versichern	insure	sich ~ lassen / das Reisegepäck ~

1 zusammenstoßen: sie stoßen zusammen – sie stießen zusammen – sie sind zusammengestoßen
2 überfahren: ich überfahre, er überfährt – überfuhr – hat überfahren

Schienenverkehr

die Bahn, -en	railway, railroad	die Straßen~ / die U-~
die Eisenbahn, -en	railway, railroad	mit der ~ fahren / bei der ~ arbeiten
die Straßenbahn, -en	tram	mit der ~ fahren
die Tram, -s (süddt.)	tram	
der Zug, ⁓e	train	Der ~ fährt ab.
die Lokomotive, -n	locomotive	die elektrische ~ / die Diesel~
der Wagen, -	carriage, car	der Speise~ / der Schlaf~
das Gepäck	luggage, baggage	das Hand~ / das ~ zum Bahnhof bringen
der Koffer, -	suitcase	den ~ tragen
der Schaffner, -	ticket inspector, conductor	der Zug~ / der Straßenbahn~
die Schiene, -n	rail	die Eisenbahn~n
das Gleis, -e	platform, (US) track	Der Zug hält auf ~ 3.
die Haltestelle, -n	stop	die Bus~ / an der ~ warten
der Bahnhof, ⁓e	station	der Haupt~ / jdn. zum ~ bringen / jdn. vom ~ abholen
die Station, -en	station, stop	die U-Bahn-~
der Schalter, -	ticket office	der Fahrkarten~
die Fahrkarte, -n	ticket	eine ~ kaufen / die Rück~
das Billett, -e (schweiz.)	ticket	
der Tarif, -e	fare	die ~e erhöhen
der Fahrplan, ⁓e	timetable	auf den ~ sehen / im ~nachschauen
das Kursbuch, ⁓er	timetable (directory)	das neue ~
die Abfahrt	departure	die ~s·zeit / die ~ des Zuges
abfahren[1]	depart	morgens ~ / um 13 Uhr ~
verpassen[2]	miss	den Zug ~
die Ankunft	arrival	die ~s·zeit

ạnkommen[3]	arrive	pünktlich ~ / mit Verspätung ~ / in Köln ~
sich verspäten	be late	sich um 30 Minuten ~
die Verspätung, -en	late arrival, delay	Der Zug hat 10 Minuten ~.
die Lịnie, -n	line	die U-Bahn~ / die ~ zum Messegelände
der Bạhnsteig, -e	platform	auf dem ~ stehen und warten
einsteigen[4]	get in	„Bitte ~!" / in den D-Zug ~
aussteigen[4]	get out	in Köln ~ / „Alle ~!" / an der Haltestelle ~
ụmsteigen[4]	change	in Köln ~
der Ạnschluss, ⸚e	connection	~ haben / den ~ verpassen

1 abfahren: ich fahre ab, er fährt ab – fuhr ab – ist abgefahren
2 verpassen: verpasst – verpasste – hat verpasst
3 ankommen: kommt an – kam an – ist angekommen
4 einsteigen: steigt ein – stieg ein – ist eingestiegen

140 Luftverkehr

das Flụgzeug, -e	plane	Das ~ landet pünktlich. / das Düsen~
der Pilọt, -en	pilot	der Ko~
die Stewardẹss ['stju:ɐdɛs], -en	flight attendant	Die ~ bedient die Fluggäste.
stạrten	take off	Das Flugzeug startet. / pünktlich ~
ạbfliegen[1]	depart	in München ~
fliẹgen[1]	fly	Er flog nach Berlin. / Dieses Flugzeug fliegt nach Madrid. / die Stadt über~
der Flụg, ⸚e	flight	einen ~ buchen / der Ab~ / der ~gast / die ~gesellschaft
die Lạndung, -en	landing	zur ~ ansetzen / die Zwischen~ /die Not~
lạnden	land	in Frankfurt ~
der Flụghafen, ⸚	airport	der Frankfurter ~ / mit dem Taxi zum ~ fahren
bụchen	book	einen Flug nach München ~
das Tịcket, -s	ticket	das Flug~ kaufen
der Hụbschrauber, -	helicopter	der Rettungs~

1 abfliegen: fliegt ab – flog ab – ist abgeflogen

141 Schifffahrt ▼ 159 Meer

das Schịff, -e	ship, boat	das Handels~ / das Kriegs~
der Tạnker, -	tanker	Der ~ transportiert Erdöl. / das ~unglück
die Fähre, -n	ferry	die Auto~ / eine ~ benutzen
das Sẹgel, -	sail	das ~boot / die ~ setzen

das Boot, -e	boat	das Motor~ / das Fischer~ / das Ruder~ / das Rettungs~
rudern	row	auf dem See ~
der Seemann, ¨er	sailor	~ werden
der Kapitän, -e	captain	der ~ des Schiffes
der Steuermann, ¨er	helmsman	Der ~ steht am Ruder (= Steuerrad).
die Kabine, -n	cabin	die Einzel~ / eine ~ mieten
der Passagier, -e	passenger	Die ~e gehen an Bord. / der blinde ~ (= der nicht bezahlt hat)
der Hafen, ¨	port, harbour	die ~stadt / der Hamburger ~

der Transport, -e	transport	der Waren~ / die ~kosten / der Schwer~
transportieren	transport	Waren ~
befördern	transport	mit der Eisenbahn ~ / Pakete ~
laden[1]	load	etw. ver~ / ein~ / auf~ / aus~ / ab~ / um~
die Ladung, -en	load	die Schiffs~
die Fracht, -en	freight	die ~kosten
holen	fetch, get	Zigaretten ~ / Hilfe ~
abholen	collect	die bestellten Waren ~
mitnehmen[2]	take	die Kisten ~
bringen[3]	bring	die Zeitung ~ / etw. mit~ / her~ / weg~ / jdn. nach Hause ~
schieben[4]	push	den Wagen ~ / weg~ / zurück~
ziehen[5]	pull	den Wagen ~
heben[6]	lift	den Koffer ~ / etw. auf~ / an~ / hoch~
tragen[7]	carry, wear	eine Kiste ~ / etw. weg~ / eine Brille ~
(sich) halten[8]	hold	fest in der Hand ~ / „Halte dich fest!"
werfen[9]	throw	den Ball ~ / etw. um~ / etw. weg~
stellen	put	etw. hin~ / etw. um~ / etw. auf~
legen	lay	auf den Boden ~ / hin~
liegen[10]	lie	~ lassen / ~ bleiben

1 laden: ich lade, er lädt – lud – hat geladen
2 mitnehmen: ich nehme mit, er nimmt mit – nahm mit – hat mitgenommen
3 bringen: bringt – brachte – hat gebracht
4 schieben: schiebt – schob – hat geschoben
5 ziehen: zieht – zog – hat gezogen
6 heben: hebt – hob – hat gehoben
7 tragen: ich trage, er trägt – trug – hat getragen
8 halten: ich halte, er hält – hielt – hat gehalten
9 werfen: ich werfe, er wirft – warf – hat geworfen
10 liegen: liegt – lag – hat gelegen

die Reise, -n	journey, trip	eine ~ machen / die Geschäfts~ / die Studien~ / die Ab~ / die ~kosten
reisen	travel	mit dem Zug ~ / nach Paris ~
verreisen	go away	im Sommer ~ / verreist sein
das Reisebüro, -s	travel agency	ins ~ gehen / im ~ eine Reise buchen
der Verkehrs-verein, -e	tourist office	im ~ eine Unterkunft buchen
der Tourist [tu'rɪst], -en	tourist	die ausländischen ~en // die Touristin
der Anhalter, -	hitchhiker	einen ~ mitnehmen
der Ausflug, ⁻e	outing, trip	einen ~ machen / ein ~ in die Berge
die Rundfahrt, -en	tour	die Stadt~ / eine ~ machen
wandern	hike, go hiking	im Wald ~ / in den Bergen ~ / ~ gehen
das Picknick, -e/s	picnic	ein ~ machen
spazieren gehen[1]	go for a walk	mit dem Hund ~ ~ / am Nachmittag ~ ~
der Spaziergang, ⁻e	walk	einen ~ machen / ein ~ an der frischen Luft
die Sehens-würdigkeit, -en	sight	die ~en besichtigen
besichtigen	see, look round	ein Schloss ~ / das Museum ~
die Besichti-gung, -en	tour	die ~ des Schlosses
die Führung, -en	guided tour	Die nächste ~ findet um 11 Uhr statt.
das Museum, Museen	museum	ins ~ gehen / die ~s·besucher
das Souvenir [zuvə'niːɐ], -s	souvenir	~s mitbringen

1 spazieren gehen: geht spazieren – ging spazieren – ist spazieren gegangen

144 Hotel, Camping ▲ **26 Restaurant**

der Aufenthalt	stay	ein ~ in Österreich / die ~s·erlaubnis
das Hotel, -s	hotel	das ~zimmer vorbestellen
die Pension [pã'zioːn], -en	guesthouse	die Halb~ / die Voll~ / in einer ~ wohnen
das Zimmer, -	room	das Einzel~ / das Doppel~ / ein ~ für eine Woche nehmen
reservieren	book	ein Zimmer ~ / einen Tisch ~
die Rezeption, -en	reception	den Schlüssel an der ~ abgeben
übernachten	stay, spend the night	im Hotel ~ / im Freien ~
Camping ['kɛmpɪŋ]	camping	~ machen

der Camping-	camp(ing)-site	auf dem ~ bleiben
platz, ¨e		
das Zelt, -e	tent	das ~ aufbauen / im ~ schlafen
der Wohnwagen, -	caravan	mit dem ~ verreisen
die Saison [zɛ'zõː], -s	season	die Haupt~ / die Vor~ / die Nach~

TEST

1 Welche Wörter gehören zusammen?

Reifen, Segel, Ampel, Pilot, Bürgersteig, Tourist, Benzin

1. Kreuzung: _____ 2. Fußgänger: _____

3. Motor: _____ 4. Rad: _____

5. Flugzeug: _____ 6. Schiff: _____

7. Hotel: _____

2 Definitionen

1. Eine Straße, die nur in einer Richtung befahren werden darf: _____

2. Jemand, der zu Fuß auf der Straße geht: _____ 3. Eine Urkunde,

mit der man nachweist, dass man Auto fahren darf: _____ 4. Ein

großes Schiff, das Erdöl transportiert: _____ 5. Jemand, der von vor-

beifahrenden Autos mitgenommen werden will: _____

❸ Gegensätze

1. Abfahrt: _____

2. einsteigen: _____

3. Das Flugzeug startet: es _____

❹ Vervollständigen Sie die Sätze.

1. Wenn die _____ „Rot" zeigt, müssen die Autos halten.

2. An der _____ kann man Benzin tanken.

3. Um bei einem Unfall mit dem Auto nicht getötet zu werden, sollte man den

   _____ anlegen.

4. Die _____ zieht den Eisenbahnzug.

5. Der _____ hat das Kommando an Bord eines Schiffes.

6. In einem _____ kann sich der Tourist ein Zimmer mieten.

7. Auf dem _____ kann man das Zelt aufbauen oder den Wohnwagen

   abstellen.

Freizeit
Leisure

Spielen

die Freizeit	free/leisure time	viel ~ haben / in der ~
das Hobby, -s	hobby	Basteln ist mein ~. / viele ~s haben
spielen	play	Die Kinder ~. / auf der Straße Ball ~
das Spielzeug	toy	viel ~ haben / dem Kind ~ schenken
die Puppe, -n	doll	mit der ~ spielen / der ~n·wagen
der Ball, ¨e	ball	~ spielen / Fuß~ / Hand~
werfen[1]	throw	den Ball ~
fangen[2]	catch	den Ball ~
das Spiel, -e	game	das Karten~ / die ~regeln
die Karte, -n	card	~n spielen
das Schach	chess	~ spielen / die ~figur / das ~brett
gewinnen[3]	win	beim Spiel ~ / das Spiel ~
das Glück	luck	~ haben / das ~·s·spiel
verlieren[4]	lose	das Spiel ~

1 werfen: ich werfe, er wirft – warf – hat geworfen
2 fangen: ich fange, er fängt – fing – hat gefangen
3 gewinnen: gewinnt – gewann – hat gewonnen
4 verlieren: verliert – verlor – hat verloren

Sport

der Sport	sport	~ treiben / der Leistungs~ / der Winter~
sportlich	athletic, sporty	~ sein / sich ~ kleiden / die ~e Höchstleistung
treiben[1]	do (sport)	Sie treibt Sport.
das Stadion, Stadien	stadium	das Olympia~ / das Fußball~
turnen	do gymnastics	in der Halle ~ / ~ gehen
trainieren [trɛˈniːrən]	train	täglich ~
das Training [ˈtrɛːnɪŋ]	training	ein hartes ~ / der ~s·anzug
der Sportler, -	sportsman	der Leistungs~ // die Sportlerin
der Profi, -s	professional	der ~spieler / der ~fußball
die Mannschaft, -en	team	die Fußball~ / die National~
der Wettkampf, ¨e	competition	Sieger des ~es sein
der Gegner, -	opponent	ein starker ~
das Tennis	tennis	der ~spieler / der ~platz / Tisch~
springen[2]	jump	6 Meter weit ~ / 2 Meter hoch ~ / ins Wasser ~

der Sprung, ⸚e	jump, leap	der Weit~ / der Hoch~
das Jogging ['dʒɔgɪŋ]	jogging	sich mit ~ fit halten
der Läufer, -	runner	der Lang~ / der Marathon~ // die
		Läuferin
der Start, -s	start	der ~schuss / am ~ sein / fertig zum ~
das Ziel, -e	finish	am ~ sein
der Sieger, -	winner	die ~ehrung // die Siegerin
der Rekord, -e	record	der Europa~ / der Welt~
der Fußball, ⸚e	football	die ~mannschaft / der ~platz / das ~spiel
das Tor, -e	goal	der ~wart
der Schiedsrichter, -	referee	die Entscheidung des ~s respektieren
fair ['fɛːɐ̯]	fair	sich ~ verhalten / eine ~e Entscheidung
der Verein, -e	club	der Sport~ / einem ~ angehören
das Spiel, -e	match	das ~ steht 1:2

1 treiben: treibt – trieb – hat getrieben
2 springen: springt – sprang – ist gesprungen

147 Musik

▲ 4 Hören

die Musik	music	~ machen / die Unterhaltungs~
die Melodie, -n	melody	eine ~ singen
das Lied, -er	song	ein ~ singen / das Volks~
der Hit, -s	hit	die ~s im Radio hören
singen	sing	ein Weihnachtslied ~ / mit~ / vor~
der Sänger, -	singer	der Opern~ // die Sängerin
das Orchester	orchestra	das Tanz~ / das Symphonie~
[ɔr'kɛstɐ], -		
das Instrument, -e	instrument	ein ~ spielen / das Blas~
die Gitarre, -n	guitar	auf der ~ spielen / mit der ~ begleiten
die Geige, -n	violin	~ spielen / die 1. ~
die Trompete, -n	trumpet	die Jazz~ / ~ blasen
das Klavier, -e	piano	~ spielen können / das ~konzert
das Konzert, -e	concert,	das Violin~ von Beethoven / der
	concerto	~saal
klassisch	classical	~e Musik hören
die Platte, -n	record	eine alte Schall~ / der ~n·spieler
die Kassette, -n	cassette	Musik auf ~ überspielen
der Kassetten-	cassette	einen ~ haben
rekorder, -	recorder	
tanzen	dance	Walzer ~ / gut ~ können
der Tanz, ⸚e	dance	ein moderner ~ / die ~veranstaltung
die Disko/Diskothek	disco,	in eine ~ gehen
	discotheque	
der Jazz [dʒɛs]	jazz	die ~musik / die ~kapelle / ~ hören

der Rock	rock	Er mag ~musik.

1 singen: singt – sang – hat gesungen

Malerei ▲ 7 Farben **148**

die Kunst, ⁻e	art	das ~werk
der Künstler, -	artist	ein großer ~ // die Künstlerin
bekannt	well-known	~ sein / ~ werden / ≠ un~
berühmt	famous	ein ~er Maler / welt~ sein
der Maler, -	painter	der Kunst~ // die Malerin
malen	paint	ein Bild ~
zeichnen	draw	einen Baum ~ / mit dem Bleistift ~
die Zeichnung, -en	drawing	die Bleistift~ / eine ~ anfertigen
das Bild, -er	picture	der ~er·rahmen / das ~ an die Wand hängen
das Gemälde, -	painting	das Öl~ / die ~galerie
die Ausstellung, -en	exhibition	die Kunst~
ausstellen	exhibit	Bilder ~ / Kunstwerke ~

Literatur ▲ 82 Buch **149**

die Literatur	literature	die deutsche ~ / die Fach~
der Autor, -en	author	der ~ des Buches // die Autorin
der Schriftsteller, -	writer	der Roman~ // die Schriftstellerin
der Roman, -e	novel	der Kriminal~ / der Liebes~
die Erzählung, -en	story	eine spannende ~
die Geschichte, -n	story	eine ~ erzählen / die Kurz~
das Märchen, -	fairy tale	ein ~ erzählen / das ~buch
der Dichter, -	poet	Goethe war ein großer deutscher ~.
das Gedicht, -e	poem	ein ~ lernen / ein ~ aufsagen
das Werk, -e	work	Goethes ~e / die gesammelten ~e

Theater **150**

das Theater, -	theatre	ins ~ gehen / die ~kasse / die ~karte / die ~aufführung
der Eintritt	admission	die ~s·karte
die Eintrittskarte, -n	ticket	eine ~ kaufen / die ~ vorzeigen
das Billett, -s (schweiz.)	ticket	

der Vorhang, ∹e	curtain	den ~ aufziehen
die Aufführung, -en	performance	die ~ eines Theaterstücks / die Ur~
die Vorstellung, -en	performance	Die ~ beginnt um 18 Uhr.
der Schauspieler, -	actor	Der ~ spielt im Stück ... // die Schauspielerin
die Rolle, -n	role	die Haupt~ spielen / eine Neben~
das Theaterstück, -e	play	ein erfolgreiches ~
das Drama, Dramen	drama	ein ~ von Schiller / die Handlung des ~s
die Oper, -n	opera	das ~n·haus / in die ~ gehen
der Zuschauer, -	member of the audience	der ~raum / Die ~ sind begeistert. // die Zuschauerin
das Publikum	audience	Das ~ klatscht. / Das ~ pfeift.
zuschauen	watch	gespannt ~
klatschen	clap, applaud	Beifall ~ / lange ~

151 Kino, Fernsehen, Rundfunk

das Kino, -s	cinema, movie theater	ins ~ gehen / der ~film
der Film, -e	film, movie	der Fernseh~ / einen ~ drehen / der Dokumentar~
der Star, -s	star	der Film~
spannend	exciting, thrilling	ein ~er Film / eine ~e Geschichte
das Fernsehen	television	im ~ bringen / das Fernsehprogramm
der Fernseher, -	television (set)	den ~ anmachen / den ~ ausmachen
fernsehen[1]	watch TV	abends ~ / lange ~
Video	video	die ~kassette / die ~theke / der ~rekorder / der ~film (= das Video, -s)
das Radio, -s	radio	der ~wecker / ~ hören / ~ Bremen
der Lautsprecher, -	loudspeaker	die ~ im Radio
einschalten	switch/turn on	das Radio ~ / den Fernseher ~
der Rundfunk	radio (station)	die ~gebühren / der Norddeutsche ~
die Durchsage, -n	announcement	eine wichtige ~
die Nachrichten (Pl.)	news	~ hören
der Kommentar, -e	comment, commentary	einen interessanten ~ hören
der Krimi, -s	thriller	einen spannenden ~ anschauen
die Sendung, -en	broadcast	die Musik~ / eine beliebte ~
senden	broadcast	Nachrichten ~ / Musik ~ / einen Gruß ~
die Übertragung, -en	transmission	die ~ der Ansprache des Präsidenten / die Direkt~
der Sender, -	station	der Radio~ / der Fernseh~
das Studio, -s	studio	das Fernseh~ / zu Gast im ~

das Progrạmm, -e	programme	Das ~ des heutigen Abends wurde kurz-fristig geändert. / die ~zeitschrift

1 fernsehen: ich sehe fern, er sieht fern – sah fern – hat ferngesehen

Fotografie 152

die Kạmera, -s	camera	die Fernseh~ / die Video~ / mit einer ~ fotografieren
der Fọtoapparat, -e	camera	der teure ~ / ein guter ~
fotografịeren	photograph	jdn. ~ / eine Kirche ~ / Sie fotografiert gerne.
entwịckeln	develop	den Film ~ lassen
das Fọto, -s	photo	~s machen / ein ~ vergrößern / das ~album

Geschmack 153

der Geschmạck	taste	der gute ~ / der persönliche ~
fịnden[1]	find, think	„Ich finde es wundervoll."
bewụndern	admire	ein Gemälde ~
die Schọ̈nheit	beauty	die ~ eines Kunstwerks
schọ̈n	beautiful	ein ~es Bild / wunder~
hụ̈bsch	pretty	ein ~es Foto / Sie ist ~.
hẹrrlich	splendid, magnificent	eine ~e Kirche / ~e Musik
wụnderbar	marvellous	die ~e Reise
grọßartig	magnificent	ein ~er Film
vọllkommen	perfect	die ~e Schönheit / ≠ un~
perfẹkt	perfect	die ~e Technik des Malers
klạsse	super, fantastic, great	der Urlaub war ~
sụper	super, fantastic, great	Das ist einfach ~!
tọll	great, fantastic	der Ausflug war ganz ~
hạ̈sslich	ugly	ein ~es Gebäude

1 finden: findet – fand – hat gefunden

TEST

① **Ergänzen Sie die Sätze.**

1. Ein Drama wird im _____ aufgeführt.

2. Einen Film sieht man im _____ oder im _____.

3. Ein Hörspiel hört man im _____.

② **Gegensätze**

1. Arbeitszeit: _____

2. beim Spiel gewinnen: beim Spiel _____

3. schön: _____

③ **Definitionen**

1. Jemand, der in einem Theaterstück eine Rolle spielt: _____

2. Ein großes Theaterstück mit Musik und Gesang: _____

3. Viele Musiker, die gemeinsam spielen: _____

4. Ein sehr berühmter Schauspieler / eine sehr berühmte

    Schauspielerin: _____

5. Jemand, der bei einem Theaterstück oder einem Film zusieht: _____

6. Die Fähigkeit des Menschen, die ihn über „schön" und „hässlich"

    urteilen lässt: _____

④ Kreuzworträtsel

1. schreibender Künstler
2. Musik zum Singen
3. nicht schön
4. Text in Versen

5. Beifall spenden
6. Dort werden Dramen aufgeführt.
7. interessant, aufregend
8. Musikinstrument, zur Begleitung

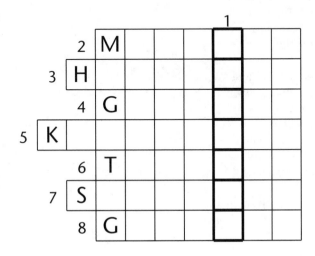

Umwelt
Environment

Wetter
Weather

das Wetter	weather	das schöne ~ / bei schlechtem ~

der Wetter-
  bericht, -e
	weather
	  forecast
		den ~ lesen / Wie ist der ~? /
		  laut ~ wird es schön

die Luft	air	die frische Meeres~ / die ~feuchtigkeit
die Temperatur, -en	temperature	die Zimmer~ / die Außen~
der Grad, -e	degree	10 ~ Wärme = 10 ~ über Null = 10 ~ plus / 5 ~ Kälte = minus 5 ~ = 5 ~ unter Null
das Hoch, -s	high (pressure area)	das ~druckgebiet
heiter	fine	vormittags ~ , später Regen
die Sonne	sun	der ~n·schein / die ~n·brille / in der ~ liegen
scheinen[1]	shine	Die Sonne scheint. / Der Mond scheint.
das Klima	climate	das warme ~ / das gemäßigte ~
warm	warm	Es ist ~. / Mir ist ~. / das ~e Wetter / ~e Kleidung
die Hitze	heat	unter der ~ leiden
schwitzen	sweat	ins Schwitzen kommen

1 scheinen: scheint – schien – hat geschienen

das Tief, -s	low, depression	Das ~ bringt Regen. / das Sturm~
der Nebel, -	fog	der dichte ~ / Der ~ behindert den Verkehr.
neblig	foggy, misty	Es ist heute ~.
die Wolke, -n	cloud	die ~n am Himmel / über den ~n fliegen / die Gewitter~
der Regen	rain	der ~schauer / der Sprüh~
regnen	rain	Es regnet. / Es regnet in Strömen.
der Schirm, -e	umbrella	der Regen~ / den ~ aufspannen
der Wind, -e	wind	der frische ~ / die ~richtung
der Sturm, ¨e	storm	ein schwerer ~
das Gewitter, -	thunderstorm	der ~regen / Es gibt ein schweres ~.
der Blitz, -e	(flash of) lightning	Der ~ schlägt ein. / ~ und Donner
donnern	thunder	Es donnert.

frisch	fresh	der ~e Wind / Es ist ~.
kühl	cool	Es ist ~ geworden. / ein ~er Abend
kalt	cold	Mir ist ~. / die ~e Luft / das ~e Wasser
frieren[1]	freeze	in der Kälte ~ / Der See friert zu.
die Kälte	cold	5 Grad ~
der Frost	frost	die ~gefahr / der ~schutz
schneien	snow	es schneit
der Schnee	snow	der ~fall / die ~flocke / der ~mann
das Eis	ice	das ~ auf dem See / das Glatt~ auf den Straßen
der Winter	winter	der kalte ~ / der ~sport
der Schi/Ski, -(er)	ski, skiing	~ laufen / der ~lehrer

1 frieren: friert – fror – hat gefroren

TEST

1 **Welche Wörter passen zusammen?**

frieren, regnen, schneien, schwitzen, donnern

1. Hitze: _____

2. Gewitter: _____

3. Schirm: _____

4. Kälte: _____

5. Schnee: _____

② Ordnen Sie die Wörter/Sätze.

Es ist heiter. Die Sonne scheint. Es ist warm. Es regnet.

Sonnenschein, Regen , Hoch, Blitz und Donner, Gewitter

1. Schönes Wetter: 2. Schlechtes Wetter:

_____   _____

_____   _____

_____   _____

_____   _____

_____

③ Kreuzworträtsel

1. Quelle des Lichtes und der Wärme

2. starke Kälte

3. gefrorener Regen

4. Niederschlag fällt

5. Wolken, die bis zum Erdboden reichen

④ Gegensätze

1. schönes Wetter: _____ Wetter

2. das Hoch: das _____

3. schwitzen: _____

4. warm: _____

5. Wärme: _____

Natur
Nature

die Welt	world	die ganze ~ / der ~raum / Er lebt in einer anderen ~.
die Welt	world	die ganze ~ / der ~raum / Er lebt in einer anderen ~.
der Himmel	sky	der blaue ~ / die ~s·richtungen
die Sonne, -n	sun	der ~n·aufgang / der ~n·untergang
der Mond, -e	moon	Der ~ scheint. / der ~schein / der Voll~ / der Halb~ / die ~sichel
der Stern, -e	star	der ~en·himmel / das ~bild
der Planet, -en	planet	Venus, Erde, Mars usw. sind ~en.

der Atlas, Atlanten	atlas	die Karten im ~
die Landkarte, -n	map	einen Fluss auf der ~ suchen
der Plan, ⸚e	plan	der Stadt~ von München
die Erde	earth	Die ~ dreht sich um die Sonne.
der Erdteil, -e	continent	Afrika ist ein ~.
der Kontinent, -e	continent	die fünf ~e
Europa	Europe	West~ / Ost~ / Deutschland liegt in Mittel~.

das Meer, -e	sea	auf dem ~ / die Welt~e / das Rote ~
der Ozean, -e	ocean	der Atlantische ~ / der Indische ~
die See	sea	die Nord~ / die Ost~
das Wasser	water	das Salz~ / das Hoch~
der Tropfen, -	drop	der Regen~
die Küste, -n	coast	die Nordsee~ / an der ~
der Strand, ⸚e	beach	der Sand~ / am ~
baden	bathe, go swimming	~ gehen / im Meer ~ / im Fluss ~
der Schwimmer, -	swimmer	der Nicht~ / der Rettungs~ // die Schwimmerin
schwimmen [1]	swim, float	~ können / auf dem Rücken ~ / etw. schwimmt auf dem Wasser
das Schwimm-bad, ⸚er	swimming pool	ins ~ gehen

nass	wet	~ werden / die ~e Badehose
feucht	damp	Nach dem Regen war es draußen sehr ~. /
		ein ~er Lappen
trocken	dry	die ~e Kleidung / bei ~em Wetter
die Insel, -n	island	die Halb~ / die ~ Rügen
das Festland	mainland	das europäische ~

1 schwimmen: schimmt – schwamm – ist geschwommen

160 See, Fluss ▼ 168 Fische

der See, -n	lake	im ~ baden / der Stau~
die Quelle, -n	source	die ~ des Flusses
der Fluss, ¨e	river	ein breiter ~ / der Neben~
fließen[1]	flow	Das Wasser fließt langsam.
tief	deep	das ~e Wasser / 3 Meter ~
flach	shallow	das ~e Wasser
der Kanal, ¨e	canal	der Mittelland~ / der Suez~
das Ufer, -	bank	das Fluss~ / am ~ stehen
die Brücke, -n	bridge	eine ~ über den Rhein / über die ~ gehen

1 fließen: fließt – floss – ist geflossen

161 Gebirge

das Gebirge, -	mountains	das Hoch~ / das Mittel~ / ins ~ fahren
der Berg, -e	mountain	den Urlaub in den ~en verbringen / Die
		Zugspitze ist der höchste ~ Deutsch-
		lands.
die Höhe, -n	height, altitude	die ~ des Berges / in 2500 m ~ wandern
das Tal, ¨er	valley	das tiefe ~ / unten im ~
der Felsen, -	rock	die ~ an der Küste
der Stein, -e	stone	ein Haufen ~e

162 Flachland ▼ 169 Wald

die Natur	nature	in die ~ hinausfahren / das ~schutzgebiet
die Umwelt	environment	der ~schutz
die Umwelt-	pollution	die ~ bekämpfen
verschmutzung		
die Atmosphäre, -n	atmosphere	die dünne ~
der Smog	smog	die ~gefahr
die Gegend, -en	region, area	die schöne ~

das Land	country(side)	auf dem ~ wohnen / die ~bevölkerung / Dort ist das ~ hügelig.
die Landschaft, -en	countryside	die schöne ~ / die Gebirgs~
das Flachland	plain	das Norddeutsche ~

Landwirtschaft ▼ 165 Haustiere **163**

die Landwirtschaft	agriculture	in der ~ arbeiten
der Landwirt, -e	farmer	Mein Großvater war ~.
der Bauer, -n	farmer	Der ~ arbeitet auf dem Feld. / das ~n·haus / der ~n·hof // die Bäuerin
das Feld, -er	field	das Korn~ / das Kartoffel~ / auf dem ~ arbeiten
säen	sow	das Getreide ~ / Blumen ~ / aus~
ernten	harvest	das Getreide ~ / Kartoffeln ~
die Ernte, -n	harvest, crop	die gute ~ / die Getreide~ / die ~zeit
das Getreide	grain, cereals	Das ~ wächst auf dem Feld.
das Korn	corn	das reife ~
der Roggen	rye	das ~mehl / das ~brot
der Weizen	wheat	das ~mehl / das ~brot
der Mais	maize, (sweet) corn	der ~kolben
die Mühle, -n	mill	die alte Wind~ / die Korn~

TEST

1 Definitionen

1. Die Stelle, an der ein Fluss entsteht: _____ 2. Ein Bauwerk, das

einen Fluss überquert: _____ 3. Der Rand des Meeres: _____

4. Buch mit Landkarten: _____

5. Erde, Venus, Mars sind _____ 6. Weltmeer: _____

7. Küste, wo man baden kann: _____

8. Kleines Land im Wasser: _____

9. Künstlich angelegter „Fluss": _____

10. Viele Berge: _____ 11. Roggen, Weizen: _____

2 Gegensätze

1. nass: _____ 2. flach: _____ 3. Berg: _____

4. säen: _____

3 Rätsel

1. Planet
2. Rand des Flusses
3. Getreideart
4. Meer
5. Gestirn
6. Landkarten als Buch

1					
2					
3					
4					
5					
6					

Wie heißt das senkrechte Wort? _____

Tiere, Pflanzen
Animals and plants

Tiere 164

das Tier, -e	animal	das Haus~ / das Säuge~ / der ~arzt
die Schnauze, -n	muzzle, snout	die Hunde~
das Maul, ¨er	mouth	das ~ aufmachen
die Pfote, -n	paw	die Katzen~
das Fell, -e	fur	das dicke ~ / das Bären~
der Schwanz, ¨e	tail	mit dem ~ wedeln / die ~federn der Vögel

Haustiere ▲ 17 Fleisch, Geflügel 165

der Hund, -e	dog	der bissige ~ / die ~e·rasse / der Jagd~
bellen	bark	Der Hund bellt. / wütend ~
beißen[1]	bite	Der Hund beißt. / ins Bein ~
die Katze, -n	cat	Die ~ fängt Mäuse. / Die ~ miaut.
das Vieh	cattle	die ~zucht
die Weide, -n	pasture	das ~land / die saftige ~
treiben[2]	drive	das Vieh auf die Weide ~
das Pferd, -e	horse	das Reit~ / das ~e·rennen
reiten[3]	ride	~ können / spazieren ~
die Kuh, ¨e	cow	die Milch~ / der ~stall
das Kalb, ¨er	calf	das kleine ¨chen
das Schwein, -e	pig	das fette ~ / das ~e·fleisch
das Schaf, -e	sheep	die ~herde
der Hahn, ¨e	cock, rooster	das ¨chen / das Brat¨chen
das Huhn, ¨er	chicken	Das ~ legt ein Ei. / die ¨er·suppe
die Ente, -n	duck	die Wild~ / die Flug~
die Gans, ¨e	goose	der ¨e·braten / die ¨e·federn
die Taube, -n	pigeon	die Brief~ / die Friedens~
füttern	feed	die Kühe ~ / den Hund ~
fressen[4]	eat	Die Kühe ~ das Heu. / einem Tier zu ~ geben
schlachten	slaughter	das Schwein ~ / die Ente ~

1 beißen: beißt – biss – hat gebissen
2 treiben: treibt – trieb – hat getrieben
3 reiten: reitet – ritt – ist geritten
4 fressen: frisst – fraß – hat gefressen

wild	wild	ein ~es Tier
das Wild	game	das ~ im Wald
der Fuchs [foks], ¨e	fox	der ~bau / die ~jagd
der Hirsch, -e	stag	ein starker ~ / das ~geweih
das Reh, -e	deer	im Wald ~e sehen
der Hase, -n	hare, rabbit	Der ~ schlägt Haken.
jagen	hunt	das Wild ~ / einen Hirsch ~
der Jäger, -	hunter	~ sein
die Jagd	hunt, hunting	auf die ~ gehen / der ~hund
der Zoo, -s	zoo	in den ~ gehen / die wilden Tiere im ~
der Käfig, -e	cage	ein Tier im ~
der Löwe, -n	lion	Der ~ brüllt.
der Tiger, -	tiger	das ~fell
der Affe, -n	monkey	der Menschen~
der Elefant, -en	elephant	der ~en·rüssel

167 **Vögel**

der Vogel, ¨	bird	der Zug~ / der Raub~
die Feder, -n	feather	die weißen ~n des Schwans
der Flügel, -	wing	Der Vogel schlägt mit den ~n.
fliegen	fly	Die Vögel ~. / weg~
das Nest, -er	nest	das Vogel~

Vögel

der Spatz, -en	sparrow
der Adler, -	eagle
die Möwe, -n	seagull
der Schwan, ¨e	swan
der Wellensittich, -e	budgie
der Kanarienvogel, ¨	canary

1 fliegen: fliegt – flog – ist geflogen

das Insekt, -en	insect	die schädlichen ~en
die Fliege, -n	fly	die ~n am Fenster
die Mücke, -n	midge	der ~n·stich (auf der Haut)

die Biene, -n	bee	der ~n·honig
der Käfer, -	beetle	der Mai~ / der Mist~
der Schmetter- ling, -e	butterfly	ein bunter ~
die Spinne, -n	spider	das ~n·gewebe
die Schnecke, -n	snail	das ~n·haus
die Schlange, -n	snake	die Gift~ / der ~n·biss
der Krebs, -e	crab	einen ~ fangen
der Frosch, ⸚e	frog	Der ~ quakt.
der Fisch, -e	fish	der Fluss~ / der Meeres~
der Fischer, -	fisherman	das ~boot / das ~dorf
der Angler, -	angler	Der ~ sitzt am Ufer.

Pflanzen **169**

die Pflanze, -n	plant	die ~n im Garten / die Gemüse~
das Blatt, ⸚er	leaf	ein grünes ~ / ein welkes ~
die Wurzel, -n	root	~n schlagen (= bekommen)
wachsen ['vaksn][1]	grow	langsam ~ / an~
der Strauch, ⸚er	shrub	die ⸚er im Garten / blühende ⸚er
der Busch, ⸚e	bush	
der Baum, ⸚e	tree	der Laub~ / der Nadel~

Bäume

die Eiche, -n	oak
die Linde, -n	lime
die Kastanie, -n	chestnut
die Birke, -n	birch
die Tanne, -n	fir
die Kiefer, -n	pine
die Fichte, -n	spruce

der Stamm, ⸚e	trunk	der dicke ~ / der Baum~
der Zweig, -e	twig	einen ~ abbrechen
der Ast, ⸚e	branch	einen ~ absägen
das Holz, ⸚er	wood	das Eichen~ / das Brenn~ / Möbel aus ~
der Wald, ⸚er	wood, forest	der Kiefern~ / der ~brand
der Pilz, -e	mushroom, fungus	~e suchen / ein giftiger ~ / essbare ~e

1 wachsen: ich wachse, er wächst – wuchs – ist gewachsen

der Garten, ⸚	garden	der Klein~ / im ~ arbeiten
graben[1]	dig	mit dem Spaten ~ / den Garten um~
säen	sow	Blumen ~
pflanzen	plant	einen Baum ~ / ein~
gießen[2]	water	die Blumen ~
pflücken	pick	Blumen ~ / Äpfel ~ / Beeren ~
der Park, -s	park	in den ~ gehen / die ~bank
die Wiese, -n	meadow	auf der ~
der Rasen, -	lawn	den ~ mähen
das Gras	grass	das grüne ~ / im ~ spielen
das Unkraut, ⸚er	weed	~ vernichten
die Blume, -n	flower	der ~n·strauß / der ~n·topf / die Schnitt~ / ~n schenken
blühen	bloom, blossom	die Blumen ~ / ver~
die Vase ['vaːzə], -n	vase	die Blumen~ / die Blumen in eine ~ stellen
der Strauß, ⸚e	bouquet, bunch	der Blumen~ / der Rosen~ / einen ~ schenken
welk	wilted	die Blumen sind ~ / ≠ frisch

1 graben: ich grabe, er gräbt – grub – hat gegraben
2 gießen: gießt – goss – hat gegossen

Blumen

die Rose, -n	rose
die Nelke, -n	carnation
die Tulpe, -n	tulip
die Aster, -n	aster

TEST

1 Definitionen

1. Schwein, Schaf usw. sind _____. 2. Hirsch, Reh usw. sind

_____. 3. Spatz, Adler usw. sind _____. 4. Mücken, Bienen

usw. sind _____. 5. Einem Hund zu fressen geben: den Hund

_____ 6. Ein Schwein töten um das Fleisch zu essen: _____

7. Auf einem Pferd sitzen: _____ 8. Die Teile der Pflanze in der Erde:

_____ 9. Ein großer Garten für die Öffentlichkeit mit Bäumen, Sträu-

chern, Rasen, Blumen: _____ 10. Eine Grasfläche im Park oder im

Garten: _____ 11. Ein schöner Behälter mit Wasser, in den man

Schnittblumen stellt: _____

2 Ergänzen Sie die Artikel.

1. _____ Katze 2. _____ Ente 3. _____ Käfig 4. _____ Mücke

5. _____ Eiche 6. _____ Vase

3 Ordnen Sie die Tiere.

Pferd, Elefant, Kuh, Schwein, Löwe, Tiger, Fuchs, Huhn

Haustiere: Wilde Tiere:

_____, _____,   _____, _____,

_____, _____   _____, _____

Zeit, Raum, Menge
Time, space, quantities

171 Zeit

die Z<u>ei</u>t, -en	time	~ haben / zur ~ / eine ~ lang / der ~punkt / „Komme um 5 Uhr, um diese ~ bin ich schon zu Hause." / schlimme ~en erleben / Es wird ~, dass wir etwas tun.
<u>e</u>wig	eternal	die ~e Treue / das ~e Leben
<u>i</u>mmer	always	für ~ / Das war ~ so. / ~ noch / ~ schneller werden
die D<u>au</u>er	length, duration	die ~ der Reise / die Aufenthalts~
d<u>au</u>ern	last, take (time)	Es dauert lange. / Die Ferien ~ 3 Wochen.
l<u>a</u>nge	long, (for) a long time	~ warten / eine ~ Zeit / Sie ist noch ~ nicht so weit.
die St<u>u</u>nde, -n	hour	eine ~ / eine halbe ~ / fünf ~en lang
die V<u>ie</u>rtel-stunde, -n	quarter of an hour	eine ~ warten
die Min<u>u</u>te, -n	minute	ein paar ~n später
die Sek<u>u</u>nde, -n	second	Das Erdbeben dauerte einige ~n.
k<u>u</u>rz	short	~e Zeit später / vor kurzem / ~ vor / ~ nach dem Unfall
der Mom<u>e</u>nt, -e	moment	„Einen ~, bitte!"
der Augenbl<u>i</u>ck, -e	moment	in diesem ~ / im nächsten ~ / jeden ~ / „Einen ~ bitte!"
augenbl<u>i</u>cklich,	immediately	Er war ~ still. / die ~e Situation
moment<u>a</u>n	at the moment	die ~en Schwierigkeiten / „~ habe ich keine Zeit."
<u>U</u>hr	o'clock	um 3 ~ nachmittags / Es ist jetzt 18 ~.
<u>u</u>m	at	~ 7 Uhr morgens / Die Sitzung ist ~ 3 Uhr zu Ende.
die <u>U</u>hr, -en	clock, watch	auf die ~ sehen / Die ~ geht vor. / Die ~ geht richtig. / die Armband~
sp<u>ä</u>t/sp<u>ä</u>ter/am sp<u>ä</u>testen	late/later/latest	„Wie ~ ist es?"
der Term<u>i</u>n, -e	date	einen ~ festlegen / einen ~ vereinbaren / einen wichtigen ~ haben

der T**a**g, -e	day	„Guten ~!" / 14 ~e verreisen
t**a**gsüber	in the daytime, during the day	~ bin ich selten zu Hause.
t**ä**glich	daily, every day	Der Zug verkehrt ~. / das ~e Brot
die T**a**geszeit, -en	time of day	zu jeder ~
fr**ü**h	early	~ aufstehen / ~ morgens / heute ~ / von ~ bis spät
der M**o**rgen, -	morning	„Guten ~!" / am ~ / die ~stunde / jeden ~
m**o**rgens	in the morning	~ zur Arbeit fahren
der V**o**rmittag, -e	morning	am ~ arbeiten
v**o**rmittags	in the morning	~ einkaufen gehen
der M**i**ttag, -e	midday	die ~s·zeit / die ~s·pause
m**i**ttags	at midday	~ haben wir eine Stunde Pause.
der N**a**chmittag, -e	afternoon	am ~ / der späte ~
n**a**chmittags	in the afternoon	~ trinken wir Kaffee.
der **A**bend, -e	evening	„Guten ~!" / am ~ / jeden ~
abends	in the evening	von morgens bis ~ / ~ in die Oper gehen
sp**ä**t/sp**ä**ter/ am sp**ä**testen	late/later/ latest	von früh bis ~ / Es ist schon ~. / ~ abends / zu ~ kommen / zu ~ / ~ aufstehen
die N**a**cht, ¨e	night	der ~dienst im Krankenhaus
n**a**chts	at night	~ schlafen
die M**i**tternacht	midnight	erst um ~ schlafen gehen
der **A**lltag	daily routine; weekday	der graue ~
w**e**rktags	on working days	~ nach Stuttgart fahren
w**o**chentags	in the week	Der Zug verkehrt nur ~.
der W**o**chentag, -e	weekday	die sieben ~e

Wochentage

der M**o**ntag	Monday
der D**ie**nstag	Tuesday
der M**i**ttwoch	Wednesday
der D**o**nnerstag	Thursday
der Fr**ei**tag	Friday
der S**o**nnabend	Saturday
der S**a**mstag	Saturday
der S**o**nntag	Sunday

das Wochenende, -n	weekend	Am ~ machen wir gerne Ausflüge.
die Woche, -n	week	der ~n·tag / das ~n·ende
wöchentlich	weekly	Die Zeitschrift erscheint ~.

173 Jahr

das Jahr, -e	year	die ~es·zahl / im nächsten ~ / viele ~e lang / das ~hundert
Silvester	New Year's Eve	die ~feier / das ~feuerwerk
Neujahr	New Year	der ~s·tag
der Monat, -e	month	der ~s·anfang / das ~s·ende / der ~ Mai

Monate

der Januar	January
der Februar	February
der März	March
der April	April
der Mai	May
der Juni	June
der Juli	July
der August	August
der September	September
der Oktober	October
der November	November
der Dezember	December

der Kalender, -	calendar	der ~ für das neue Jahr / einen ~ kaufen
das Datum, Daten	date	das ~ angeben / das Geburts~
die Jahreszeit, -en	season	die vier ~en
der Frühling	spring	der ~s·anfang / die ~s·luft
das Frühjahr	spring	die ~s·mode
der Sommer	summer	der ~anfang / der Hoch~ / der Spät~
der Herbst	autumn, fall	der ~anfang / ein kühler ~tag
der Winter	winter	der kalte ~

das Ereignis, -se	event	die neuesten ~se / Das Konzert war ein ~.
sich ereignen	happen, occur	Ein Unfall hat sich ereignet
vorkommen[1]	happen; seem	So etwas kommt vor. / Das kommt mir merkwürdig vor.
stattfinden[2]	take place	Die Vorstellung findet morgen statt.
geschehen[3]	happen	„Was ist ~?" / Ein Unglück ist ~. / „Das geschieht dir recht!" / „Danke!" – „Gern ~."
passieren	happen	Das kann jedem ~. / Hier passiert nie etwas.
das Erlebnis, -se	experience	ein schönes ~
erleben	experience	etw. ~ / ein Abenteuer ~
verbringen[4]	spend	den Urlaub in Spanien ~
die Situation [zitua'tsio:n], -en	situation	in dieser ~ / die ~ richtig erfassen
die Gelegen- heit, -en	opportunity, occasion	bei ~ / eine günstige ~ / die ~ haben, etw. zu tun

1 vorkommen: kommt vor – kam vor – ist vorgekommen

2 stattfinden: findet statt – fand statt – hat stattgefunden

3 geschehen: geschieht – geschah – ist geschehen

4 verbringen: verbringt – verbrachte – hat verbracht

Zeitliche Reihenfolge

wann	when	~ kommt er? / Ich weiß nicht, ~ er kommt.
vor	before	~ dem Essen / ~ der Arbeit
bevor	before	~ es Abend wird / ~ wir anfangen
vorher	beforehand	jdm. ~ etw. sagen / etw. vorhersehen
der Anfang	beginning, start	Den ~ des Films habe ich verpasst. / Am ~ hatte ich Schwierigkeiten. / Sie ist ~ dreißig. / ~ Januar / von ~ an
anfangen[1]	start, begin	Wir können jetzt mit dem Essen ~. / Der Film fängt um 19.30 Uhr an.
beginnen[2]	begin	mit der Vorführung ~ / Das Konzert beginnt um 20 Uhr.
anfangs	at the beginning/start	~ gab es einige Schwierigkeiten.
zuerst	at first	~ da sein / ~ fühlte sie sich gar nicht wohl.
entstehen[3]	arise; be incurred; be built	Zweifel ~ / Unkosten ~ nicht. / Hier entsteht ein neues Bürogebäude.

während	during; while	~ der Arbeit / ~ wir arbeiteten / Er ging, ~ sie blieb.
gleichzeitig	simultaneously	Musik hören und ~ arbeiten
inzwischen	meanwhile	Es ist ~ angekommen. / „Ich rufe Sie dann auf. Bitte nehmen Sie ~ im Wartezimmer Platz!"
unterdessen	meanwhile	
nun	now	von ~ an / ~ war sie zufrieden. / Das war ~ mal so.
als	when	~ sie kamen / gerade ~ es anfing
sobald	as soon as	~ ich Zeit habe / ~ wie möglich
plötzlich	suddenly	~ geschah ein Unfall. / der ~e Tod
gleich	straightaway, at once	„Ich komme ~." / Der Zug fährt ~ ab.
sofort	immediately, at once	~ kommen / ~ helfen / Ab ~ gelten die neuen Preise.
allmählich	gradually	sich ~ wieder beruhigen
kaum	hardly, barely	Sie war ~ da, als ... / Wir haben es ~ geschafft.
schon	already	Sie ist ~ da. / ~ wieder? / ~ am Morgen / Es wird ~ gehen.
bald	soon	~ fertig sein / ~ weggehen / so ~ wie möglich / „Auf Wiedersehen, bis ~!"
dann	then	~ geschah das Unglück.
darauf	after that, then	~ gingen alle weg. / unmittelbar ~
folgen	follow	„Es ~ die Nachrichten." / am ~den Tag
danach	afterwards, after that	~ war alles still.
nachher	afterwards, after that	Sie kommen ~ wieder.
nachdem	after	~ ich fort war
endlich	at last	~ Ferien! / „Fang ~ an!"
schließlich	finally	sich ~ doch für etw. entscheiden
zuletzt	finally	~ bekannte er die Wahrheit. / Die leichten Sachen laden wir ~ in den Kofferraum. / Bis ~ blieb sie bei ihrer Behauptung.
solange	as/so long as	~ warten, bis alle da sind
bis	until, till	~ heute / ~her / ~ jetzt / ~ alle kamen
bisher	up to now	~ lief alles gut.
aufhören	stop	zu spielen ~ / mit der Arbeit ~
der Schluss	end, finish	zum ~ / Jetzt ist ~. / Am Freitag machen viele Büros früher ~.
das Ende	end	das ~ des Films / am ~ der Straße / ein Termin ~ nächster Woche / Er ist ~ sechzig. / zu ~ sein

enden	finish, stop, end	die Arbeit be~
vorläufig	temporary, provisional	ein ~er Bescheid / „Behalte das ~."
endgültig	final, conclusive	Das Problem ist ~ gelöst.
aus sein[4]	be over/ finished	Das Kino ist um 22 Uhr ~. / Das Spiel ist ~.
hinterher	afterwards	~ gingen wir noch etwas trinken.

1 anfangen: ich fange an, er fängt an – fing an – hat angefangen

2 beginnen: beginnt – begann – hat begonnen

3 entstehen: entsteht – entstand – ist entstanden

4 aus sein: ist aus – war aus – ist aus gewesen

Häufigkeit _____ **176**

immer	always	~ wieder / ~ mehr / ~zu
wenn	when	Immer ~ ich Zeit dazu habe, ...
dauernd	continually	jdn. ~ unterbrechen
häufig	often	Das passiert ~. / ~ krank sein
meistens	usually, mostly	Er ist ~ der Letzte.
oft/öfter	often	oftmals / so ~ wie möglich / Das passiert öfter.
manchmal	sometimes	Er kommt mich ~ besuchen.
ab und zu	now and then	~ ~ ~ im Restaurant essen
pro	per	~ Woche / ~ Tag / ~ Person
jeweils	regularly	Der Kurs findet ~ dienstags statt.
jedesmal	every time	Es gab ~ Kaffee und Kuchen. / „Es ist doch ~ dasselbe!"
diesmal	this time	~ habe ich Recht.
gewöhnlich	normally, usually	~ um 22 Uhr ins Bett gehen
gleichfalls	also, likewise	Er ist ~ betroffen. „Guten Appetit!"– „Danke, gleichfalls."
wieder	again	~ einmal / nie ~ / schon ~ / immer ~ / Es geht ihr ~ gut. / ~kommen / ~sehen
einmal	once	auf ~ / noch ~ / nur ~
selten	rarely, seldom	Man sieht ihn ~.
nie	never	~ mehr / ~ wieder / ~ zu Hause sein / Das schafft er ~ in dieser Zeit.
niemals	never	etw. ~ vergessen können

die Vergangenheit	past	in der ~
die Geschichte	history	~ studieren / die ~ unserer Stadt
gründen	found	Diese Stadt wurde vor 750 Jahren gegründet.
die Tradition, -en	tradition	die ~ pflegen / Das ist bei uns ~.
die Kultur,- en	civilisation	die ~geschichte / eine fremde ~
das Gedächtnis	memory	ein gutes ~ haben / etw. im ~ behalten
vergessen[1]	forget	etw. ~ / eine Verabredung ~
versäumen	miss	eine gute Gelegenheit ~
behalten[2]	remember	den Namen ~ / die Vokabeln ~
(sich) merken	note, remember	sich jede Einzelheit ~
(jdn./sich) erinnern	remember	sich an etw. ~ / „Kannst du dich ~ ?" / „Diese Musik erinnert mich an dich." / „Erinnere mich bitte nochmal daran."
die Erinnerung, -en	memory	die ~ an einen schönen Abend
früher	in the past	~ war alles anders. / in ~er Zeit
damals	then, at that time	Wir waren ~ Schulfreunde.
kürzlich	recently	~ war ich in Köln. / erst ~ wieder
neulich	recently, the other day	Ich habe sie ~ getroffen.
gestern	yesterday	~ Abend / ~ Morgen
vorgestern	the day before yesterday	Das war ~. / Ich habe sie ~ angerufen.
gestrig	of yesterday, yesterday's	unser ~es Gespräch / die ~e Zeitung
vorhin	a short time ago	~ waren sie noch da.
eben	just	Sie sind ~ weggegangen.
gerade (österr.)	just	
vorig	last	~e Woche
vor	ago	~ 5 Minuten / ~ 20 Jahren
seit	since	~ gestern / ~ damals / ~ 20 Jahren / ~ ich weg bin

1 vergessen: ich vergesse, er vergisst – vergaß – hat vergessen
2 behalten: ich behalte, er behält – behielt – hat behalten

die Gegenwart	present	nur in der ~ leben / in ~ seines Vaters
jetzt	now	bis ~ / von ~ an / ~ fangen wir an. / ~ kommt er schon zum dritten Mal. / ~ sind die Zeiten anders.
heute	today	~ Abend / ~ früh / bis ~ / ~ in acht Tagen / ~ ist Deutschland nicht mehr geteilt.
aktuell	topical, current	ein ~es Thema / ein ~er Bericht
modern	modern	die ~e Kleidung / eine ~e Wohnung / ~e Musik / ein ~er Mensch / ≠ un~
heutig	of today, today's	die ~e Jugend / der ~e Stand der Dinge

die Zukunft	future	in ~ / Die ~s·aussichten sind gut.
morgen	tomorrow	~ früh / ~ Abend / bis ~ / heute Morgen
morgig	tomorrow's	die ~e Zeitung
übermorgen	the day after tomorrow	„Wir sehen uns ~?"
die Hoffnung, -en	hope	Ich habe die ~, dass ... / die ~ aufgeben
hoffen	hope	das Beste ~ / auf bessere Zeiten ~ / Wir ~, dass ...
hoffentlich	hopefully	~ kommt sie bald zurück.
voraus	ahead, (in) advance	Herzlichen Dank im Voraus. / jdm. voraus sein
plötzlich	suddenly	~ geschah es. / ein ~er Knall
zufällig	by chance	~ vorbeikommen / etw. ~ bemerken
die Überraschung, -en	surprise	Eine schöne ~! / die Weihnachts~
überraschen	surprise	jdn. mit einem Geschenk ~ / von etw. überrascht werden / Dieses Verhalten hat mich überrascht.
versprechen[1]	promise	jdm. etw. ~ / „Ich kann es Ihnen ~."
die Verabredung, -en	appointment, date	eine ~ haben
warten	wait	auf jdn. ~ / lange ~ / auf etw. ~
erwarten	expect	ein Kind ~ / etw. anderes ~ / einen Anruf ~
die Geduld	patience	keine ~ mehr haben / die ~ verlieren
geduldig	patient	~ warten / un~
pünktlich	punctual; on time	~ kommen / un~
rechtzeitig	in time	~ kommen / ~ abfahren

1 versprechen: ich verspreche, er verspricht – versprach – hat versprochen

TEST

1 Ordnen Sie die folgenden Wörter nach der Länge der Zeit.

Stunde, Woche, Minute, Jahrhundert, Monat, Jahr, Sekunde, Tag

1. _____ 2. _____ 3. _____

4. _____ 5. _____ 6. _____

7. _____ 8. _____

2 Ordnen Sie die Tageszeiten von früh bis spät.

Nacht, Mittag, Nachmittag, Vormittag, Morgen, Abend

1. _____ 2. _____ 3. _____

4. _____ 5. _____ 6. _____

3 Definitionen

1. 60 Minuten: _____ 2. 7 Tage: _____

3. 365 Tage: _____ 4. Der erste Tag im Jahr: _____

5. Der letzte Tag im Jahr: _____ 6. Die Fähigkeit des Menschen, sich

an vergangene Ereignisse zu erinnern: _____

7. Die Fähigkeit des Menschen, ruhig warten zu können: _____

8. Die vier Jahreszeiten:

_____, _____, _____, _____

④ Gegensätze:

1. früh: _____ 2. morgens: _____ 3. Tag: _____

4. Sommer. _____ 5. Anfang: _____ 6. zuerst: _____

7. vorher: _____ 8. immer: _____ 9. vergessen: _____

10. Vergangenheit: _____

Raum
Space

der R**au**m, ¨-e	room, space	der Welt~
die L**i**nie, -n	line	eine gerade ~ ziehen
ger**a**de	straight	die ~ Linie / ein ~er Strich
kr**u**mm	bent, curved	der ~e Ast
sch**ie**f	crooked, sloping	Das Bild hängt ~. / die ~e Ebene
die Fl**ä**che, -n	surface	eine ~ von 1000 Quadratmetern
das Dr**ei**eck, -e	triangle	das spitze ~
die S**ei**te, -n	side	die rechte ~ / die Vorder~ / die Rück~ / zur ~ gehen
der W**i**nkel, -	angle	der spitze ~ / der rechte ~ / der stumpfe ~
der Kr**ei**s, -e	circle	der Durchmesser des ~es / der Halb~
die M**i**tte	middle	die ~ des Kreises / die Stadt~
das Z**e**ntrum, Z**e**ntren	centre	im ~ stehen
r**u**nd	round	kreis~ / kugel~ / ein ~er Tisch
r**o**llen	move, roll, taxi	ins R~ kommen
die K**u**gel, -n	sphere	die Erd~
gr**o**ß	big, large, great	sehr ~ / zu ~ / ein ~es Haus / Das Kind ist ~. / ein ~er Meister
die Gr**ö**ße, -n	height	die ~ des Zimmers / die Schuh~ / seine ~ : 190 cm
(sich) vergr**ö**ßern	enlarge, increase	das Foto ~ lassen / das Geschäft ~ / die Chancen ~ / das Risiko ~
kl**ei**n	small, little	ein ~es Kind / ein ~er Hund / Unsere Kinder sind noch ~. / Ware mit ~en Fehlern
h**o**ch	high, tall	ein hoher Baum / Der Turm ist ~.
n**ie**drig	low	die ~en Sträucher
sp**i**tz	pointed	der ~e Winkel / die ~e Nadel
schm**a**l	narrow	ein ~er Weg
eng	narrow	eine ~e Straße
br**ei**t	wide, broad	eine ~e Straße / Der Fluss ist 10 Meter ~.
die Br**ei**te	width, breadth	die ~ des Flusses
d**ü**nn	thin	ein ~es Heft
d**i**ck	fat, thick	ein ~es Buch / Die Wand ist 40 cm ~.

die Stelle, -n	place	die Text~ / an dieser ~ / An welche ~ muss ich mich damit wenden? / An deiner ~ hätte ich das Gleiche getan.
die Lage, -n	location, situation	ein Büro in guter ~
sich befinden[1]	be (located/ situated)	sich im Ausland ~ / sich im Lager ~
wo	where	„~ ist sie?" / Ich weiß nicht, ~ sie ist.
wohin	where to	„~ gehst du?" / Ich weiß nicht, ~ du gehst.
woher	where from	„~ kommst du?" / Sie sagt mir nicht, ~ dieses Buch kommt. / „~ weißt du das?"
hier	here	~ sein / von ~ aus / ~her / ~ meldete er sich zu Wort. / „~ ein paar Beispiele."
da	there	~ ist sie. / ~ hinten / „Sei um 8 Uhr ~."
dort	there	~ hinten / ~ drüben / von ~ aus
dabei	present	~ sein / ~bleiben
überall	everywhere	Diese Zeitung kann man ~ kaufen.
nirgends	nowhere	Ich kann sie ~ finden.
vor	in front of, outside	~ der Tür warten / ~s Haus gehen
vorn	at the front	~ stehen / nach ~ gehen / von ~ anfangen
vorder-	front	die ~en Reihen
hinter	behind; back	~ dem Fenster / ~ der Tür / die ~en Reihen / die ~sten Reihen
hinten	at the back	~ stehen / ~ sitzen
folgen	follow	jdm. ~ / dem Fremdenführer ~ / „Beachten Sie ~de Punkte: …"
zwischen	between, among	~ den Bäumen stehen
mitten	in the middle	~ in der Stadt wohnen
gegenüber	opposite	~ dem Bahnhof / das Haus ~ / sich jdm. ~ gut verhalten / ~ früher ist er heute sehr freundlich.
drüben	over there	dort ~ / ~ auf der anderen Seite
neben	next to	~ der Kirche / ~einander sitzen
bei	near, by	~ mir / ~ den anderen stehen
an	to, at	~s Fenster gehen / ~ der Wand stehen
auf	on	~ dem Tisch liegen / ~ der Straße
über	over, above	~ den Wolken / ~ die Straße gehen
unter	under; lower	~ dem Tisch / ~ Wasser / die ~en Stockwerke
in	in	~ dem Zimmer / ~ der Wohnung / ~ der Lage sein

innen	inside	etw. von ~ betrachten
innerhalb	inside	~ der Stadt / ~ des Saales
draußen	outside	~ vor der Tür / ~ stehen
außen	outside	von ~ nach innen / Von ~ sieht das Haus gut aus.
außerhalb	outside	~ des Hauses / ~ Deutschlands

1 sich befinden: befindet sich – befand sich – hat sich befunden

182 Suchen, finden, zeigen

verlieren[1]	lose	den Regenschirm ~ / den Mut ~ / seine Arbeit ~
der Verlust, -e	loss	einen ~ erleiden / einen ~ beim Fundamt melden
verstecken	hide	etw. ~ / sich hinter der Wand ~
suchen	look for	nach etw. ~ / jdn. ~ / die Brille ~ / Hilfe ~
finden[2]	find	die Brille ~ / etw. wieder~ / eine Wohnung ~ / Arbeit ~
entdecken	discover	im vollen Café noch einen leeren Tisch ~
das Fundbüro, -s	lost property office	aufs ~ gehen / im ~ nachfragen
zeigen	show	jdm. etw. ~ / jdm. den Weg ~ / Sie zeigte mir, wie die Fernbedienung funktioniert. / Unsere Erfahrungen ~, dass ...
das Zeichen, -	sign	ein ~ geben / Die verwendeten ~ sind vorne im Buch erklärt. / „Nehmen Sie das als ~ meines Dankes."
dies-	this	~er Mann / ~e Frau / ~es Auto
dies, das	this, that	~ interessiert mich. / ~ hier

1 verlieren: verliert – verlor – hat verloren
2 finden: findet – fand – hat gefunden

183 Entfernung ▼ 190 Messen

von	from	~ Berlin abfahren
nach	to	~ Paris fahren
die Entfernung, -en	distance	in einer ~ von 4 Metern
die Strecke, -n	way, distance	eine weite ~ / die ~ zwischen Köln und Bonn zurücklegen
die Länge, -n	length	die ~ der Strecke / die ~ des Weges
lang	long	ein ~er Weg / ~e Haare haben
weit	far, a long way	~ fahren / von ~em / nicht ~ von hier

fern	distant; a long way away	von ~ / ein ~es Land / in ~er Zukunft
entfernt	away, distant	weit ~ / 10 Kilometer ~ von hier
nah(e)/näher/ nächst-	near	~ sein / von ~ und fern
die Nähe	vicinity, proximity	in der ~ des Bahnhofs
sich nähern	approach	sich dem Ausgang ~
nebenan	next-door	das Haus ~
kurz	short	ein ~er Weg / ein ~es Stück
dicht	close	~ neben dem Rathaus

Bewegung ▲ 136 Verkehr **184**

die Bewegung, -en	movement	in ~ sein / ~ brauchen
sich bewegen	move	sich an der frischen Luft ~ / sich fort~
weg	away	~laufen / „Geh ~!"
fort	away, off	~gehen / ~laufen / ~ sein / sich ~entwickeln
los	off; away	„Jetzt geht es ~!" / „Los! Geh schon!" / Was ist ~? / ~fahren / ~lassen
abfahren[1]	depart, leave	Wir werden gleich ~.
unterwegs	on the road	~ sein / Wir waren drei Stunden ~.
hin	away from me/ here	~ab / ~auf / ~aus / ~kommen / hier~ / dort~
her	toward me/ here	~kommen / ~ zu mir / von früher ~ kennen / „Herein!" / hier~
die Rückkehr	return	bei seiner ~
kommen[2]	come	zurück~ / wieder~ / her~ / an~
die Ankunft	arrival	Nach seiner ~ rief er mich gleich an.
ankommen[2]	arrive	zu Hause ~ / pünktlich ~
bleiben[3]	stay, remain	zu Hause ~ / stehen ~

1 abfahren: ich fahre ab, er fährt ab – fuhr ab – ist abgefahren

2 kommen: kommt – kam – ist gekommen

3 bleiben: bleibt – blieb – ist geblieben

185 Geschwindigkeit

die Geschwindig-keit, -en	speed	die ~ des Autos / die Höchst~
schnell	fast, quick	~ fahren / so ~ wie möglich / Ich muss noch ~ die Blumen gießen.
laufen[1]	run	weg~ / jdm. nach~ / „Lauf so schnell du kannst!" / Er läuft bei den olympischen Spielen.
rennen[2]	run	um die Wette ~
die Eile	hurry, haste	Ich bin in ~. / Damit hat es keine ~.
überholen	overtake, pass	ein anderes Auto ~
bremsen	brake	scharf ~
langsam	slow	~ fahren / ~er werden / ~ fing sie an zu verstehen, worum es ging.
halt!	stop!	„~! Stehen bleiben!"
anhalten[3]	stop	Das Auto hält an.
stehen bleiben[4]	stop, stand still	an der Seite ~ ~
weiter	further; on	~fahren / ~gehen

1 laufen: ich laufe, er läuft – lief – ist gelaufen
2 rennen: rennt – rannte – ist gerannt
3 anhalten: ich halte an, er hält an – hielt an – hat angehalten
4 stehen bleiben: bleibt stehen – blieb stehen – ist stehen geblieben

186 Richtung

die Richtung, -en	direction	die vier Himmels~en / die ~ ändern / in ~ Berlin fahren
von	from	~ hier / ~ oben / ~ rechts / vom Arzt / ~ zu Hause
aus	from, out of	~ Köln kommen / ~ dem Haus gehen
nach	towards	~ Berlin fahren / ~ Hause kommen
zu	at, to	~ Hause sein / ~m Bahnhof fahren
in	in	~ die Schule gehen / ~s Auto steigen
der Norden	north	Der Wind kommt von ~. / Menschen aus Nord und Süd / Norddeutschland / Nordseite
der Süden	south	in den ~ fahren / Süddeutschland / Südwind
der Osten	east	der Ferne ~ / der Nahe ~ / im ~ / in Ost und West / Osteuropa / Ostwind
der Westen	west	der ~ Deutschlands/ der Dialog zwischen Ost und West / Westeuropa / Westwind

abbiegen[1]	turn off	nach rechts ~ / nach links ~
umdrehen	turn around	sich ~ / sich nach jemandem ~
rechts	on/to the right	~ fahren
links	on/to the left	~ überholen / ~ stehen / nach ~ abbiegen
vorwärts	forwards	~ kommen
rückwärts	backwards	~ fahren
zurück	back	„Einmal Berlin und ~!" / ~kommen / ~fahren
durch	through	~ die Stadt fahren / ~ das Museum gehen / ~ das Fenster sehen
quer	across	~ durch die Stadt
überqueren	cross (over)	die Straße ~ / die Bahngleise ~
gegen	into; against	~ den Zaun fahren / ~über
vorbei	past	~gehen / ~fahren / Komm doch morgen ~!
entlang	along	am Ufer ~gehen / die Straße ~gehen
entgegen	against	~ seiner Überzeugung handeln / ~fahren / jdm. ~kommen
direkt	direct	der ~e Weg / die ~e Verbindung / ~ neben der Kirche / Lieferung ~ ins Haus / eine ~übertragung
um	around, round	~ das Haus gehen
geradeaus	straight on	~ gehen

1 abbiegen: biegt ab – bog ab – ist abgebogen

Höhe, Tiefe   **187**

steigen[1]	climb	auf den Berg ~ / auf das Dach ~ / Die Temperatur steigt.
die Treppe, -n	stairs, staircase	die ~ hinaufsteigen/ die ~ hinuntersteigen
die Stufe, -n	step, stair	Vorsicht, ~!
die Leiter, -n	ladder	die ~ hinaufsteigen / von der ~ fallen
senkrecht	vertical	~ nach oben klettern
steil	steep	die ~e Treppe / ein ~er Abhang
klettern	clamber, climb	auf den Baum ~
aufwärts	up(wards)	Der Fahrstuhl fährt ~. / Nach schlechten Zeiten geht es wieder ~.
oben	up	nach ~ / ~ sein / ~ auf dem Dach / das obere Stockwerk
hoch	high	~ oben / ~ in der Luft / hohe Preise / eine hohe Stimme
waagerecht	horizontal	die Sektflaschen ~ lagern

sinken[2]	sink	zu Boden ~ / Das Schiff ist gesunken.
fallen[3]	fall	auf die Erde ~ / hin~ / ~ lassen / Im Winter fällt Schnee. / Plötzlich fiel die Temperatur.
stürzen	fall	~ und sich verletzen
abwärts	down(wards)	Der Fahrstuhl fährt ~.
unten	down	nach ~ / ~ liegen
der Boden, :̈	ground, floor	auf dem ~ liegen / sich auf den ~ werfen
aufstehen[4]	get up	Er kann nicht mehr ~.
aufheben[5]	pick up	etw. ~, was heruntergefallen ist

1 steigen: steigt – stieg – ist gestiegen
2 sinken: sinkt – sank – ist gesunken
3 fallen: ich falle, er fällt – fiel – ist gefallen
4 aufstehen: steht auf – stand auf – ist aufgestanden
5 aufheben: hebt auf – hob auf – hat aufgehoben

TEST

① Die vier Himmelsrichtungen:

_____, _____, _____, _____

② Gegensätze

1. hoch: _____   2. breit: _____   3. hier: _____

4. überall: _____   5. weit: _____   6. schnell: _____

7. abfahren: _____   8. rechts: _____

9. vorwärts: _____   10. oben: _____   11. innen: _____

12. nah: _____   13. aufwärts: _____

14. suchen: _____   15. senkrecht: _____

Menge
Quantities

die Menge, -n	quantity	in großen ~n liefern / eine ~ Spaß haben
die Masse, -n	mass	die Wasser-~n / die Menschen~
das Ganze	the whole thing, everything	das ~ bedenken
die Portion [pɔr'tsjoːn], -en	portion	eine ~ Eis
der Teil, -e	part	der größte ~ / der zweite ~ der Sendung / die ~strecke / ~möbliert / ~weise
das Stück, -e	piece	ein ~ Brot / ein ~ Zucker / das Geld~ / das Schmuck~
bestehen[1]	consist (of)	Das Ganze besteht aus Teilen.
wie viel	how much	~ ~ Geld? / ~ ~ Zeit?
so viel	as/so much	~ ~ wie alle / ~ ~ wie möglich / „~ ~ zu diesem Thema!" / ~ ~ ich weiß, ...
nichts	nothing	~ tun / ~ Neues
die Kleinigkeit, -en	detail, minor point	Das ist nur eine ~.
bisschen	a little	ein ~ mehr / ein ~ Salz / ein ~ länger bleiben
wenig	little	zu ~ Geld haben / nur ~e kamen / die ~en Male, die wir uns sahen / Das hat ~ Sinn. / Das nützt mir ~. / Das ist ~er schön. / ~stens so viel / Du könntest ~stens mal anrufen.
wenigstens	at least	~ 1000 € verlangen
gering	low, small, slight	die ~en Kosten / das ~e Risiko
sammeln	collect	Erfahrungen ~ / Briefmarken ~
hinzufügen	add	etw. ~ / ein weiteres Stück ~
abnehmen[2]	decrease	Die Zahl der Unfälle nimmt ab.
mehr	more	~ arbeiten / immer ~ / ~ haben wollen
(sich) erhöhen	increase	die Leistung ~ / die Steuern ~ / Die Zahl der Unfälle erhöht sich ständig.
genug	enough	~ Geld / von etw. ~ haben / lang ~ warten
ausreichen	be sufficient	Dafür reichen 5 Mark nicht aus. / ~de Kenntnisse / Seine Leistungen sind ~d.
durchschnittlich	average	~e Leistungen / ein ~es Ergebnis / eine Steigerung um ~ 3 %

außerdem	as well, besides	~ noch etwas?
viel/mehr/	a lot/more/	~e Leute / ~ Zeit / ~ Geld / ~ arbeiten /
am meisten	most	Er kann ~es nicht verstehen. / in ~en
		Fällen / ~ zu ~ / nicht ~ merken
zahlreich	numerous	~e Besucher / ~e Beispiele
zu viel	too much	viel ~ ~ / ~ ~ des Guten
meiste	most (of)	die ~ Zeit / in den ~n Fällen
vollständig	complete	eine ~e Sammlung
gesamt/Gesamt-	total	die ~e Bevölkerung / die ~zahl / die
		~menge
insgesamt	altogether	~ waren 50 Besucher da. / ~ geht es ihm
		gut.
das Maximum	maximum	ein ~ an Sicherheit
fehlen	be missing/	Seine Freunde ~ heute. / Ihm fehlt die
	absent	Zeit. / Uns fehlt es an Geld.
knapp	short, scarce	Die Zeit ist ~. / In der Wüste ist das
		Wasser ~.
zu wenig	too little	Das ist ~ ~.
mindestens	at least	~ fünf Tage
höchstens	at the most	~ noch 10 Minuten warten
übrig	left, remaining	Es ist noch Suppe ~. / Die ~en Dinge
		erledige ich morgen. / ~ bleiben /
		~ lassen / die ~e Zeit
der Rest, -e	rest	der ~betrag / die Essens~e
überflüssig	unnecessary	~e Geldausgaben

1 bestehen: besteht – bestand – hat bestanden
2 abnehmen: ich nehme ab, er nimmt ab – nahm ab – hat abgenommen

189 Zahlen

die Zahl, -en	number	die geraden ~en / die ~ der Mitglieder
die Nummer, -n	number	die Zimmer~ / die Telefon~ / die richtige
		~ wählen / die Haus~ / die ~ des Autos /
		die ~ der Zeitschrift
einige	some	vor ~n Stunden / ~ Zeit dauern / Sie
		packte ~s ein.
einzeln	single	jedes ~e Buch / im Einzelnen / jeder
		Einzelne / Die Teile des Sets sind
		auch ~ zu haben.
einzig	sole, only	die ~en Gäste / die ~e Schwierigkeit
ein-	a, an; one	~ Mann / ~e Frau / ~er von beiden
beide	both	alle ~ / wir ~ / ~ Hände
das Paar, -e	pair, couple	ein ~ Schuhe / ein junges ~

paar	a few	ein ~ Leute / ein ~ Fragen stellen
doppelt	double	~ so groß / ~ so schnell / „Diese CD habe ich ~."
die Hälfte, -n	half	die ~ des Apfels / eine Statue aus der ersten ~ des 16. Jahrhunderts
halb	half	eine ~e Stunde / ~ voll / ~jährlich / ~ offen / Halbinsel / Halbpension
das Drittel, -	third	ein ~ aller Schüler
das Viertel, -	quarter	ein ~ der Einnahmen
zählen	count	von 1 bis 100 ~ / sich ver~ / das Geld ~

Zahlen

null	nought, nil, zero
eins	one
zwei	two
drei	three
vier	four
fünf	five
sechs [zɛks]	six
sieben	seven
acht	eight
neun	nine
zehn	ten
elf	eleven
zwölf	twelve
dreizehn	thirteen
vierzehn	fourteen
zwanzig	twenty
einundzwanzig	twenty-one
zweiundzwanzig	twenty-two
dreißig	thirty
vierzig	forty
fünfzig	fifty
sechzig	sixty
siebzig	seventy
achtzig	eighty
neunzig	ninety
(ein)hundert	(a/one) hundred
zweihundert	two hundred
zweihundertzehn	two hundred and ten
(ein)tausend	(a/one) thousand

zweitausend	two thousand	
eine Million, -en	million	
zwei Millionen	two million	
eine Milliarde, -n	billion	
zwei Milliarden	two billion	

die Reihe, -n	series; row	der ~ nach / Wer ist an der ~? / eine ~ von Beispielen / in der letzten ~ sitzen
die Reihenfolge, -n	order	die richtige ~ / die ~ der Sendungen
erste	first	er ist der Erste / als Erster / zum ~n Mal
zweite	second	in der ~n Reihe
andere	other	kein ~r / Das ist etwas ~s.
dritte	third	an ~r Stelle
nächste	next	die ~ Straße / die ~ Haltestelle
letzte	last	die ~n Tage des Urlaubs / ~ Woche / das ~ Mal / der ~ in der Schlange / das ~, was jdm. übrigbleibt
rechnen	calculate, estimate	etw. nach~ / sich ver~ / mit einer Möglichkeit ~
ausrechnen	work out, calculate	den Endpreis ~
betragen[1]	amount to	Die Entfernung beträgt 100 Kilometer.
zusammenzählen	add up	die Zahlen ~ / alles ~
addieren	add	
die Summe, -n	sum, amount	eine große ~ / die Gesamt~
abziehen[2]	deduct, take away/off	etw. von der Summe ~
mal	times	drei ~ drei / ein~ / zwei~ / Sag ~, was heißt das?
das Mal, -e	time	Das nächste ~ rufe ich dich an.
malnehmen[3]	multiply	zwei mit sieben ~
multiplizieren	multiply	
teilen	divide	15 durch 5 ~ / Den Gewinn ~ sie sich. / sich die Arbeit ~
die Mathematik	mathematics	der ~unterricht / ~ studieren

1 betragen: beträgt – betrug – hat betragen
2 abziehen: zieht ab – zog ab – hat abgezogen
3 malnehmen: ich nehme mal, er nimmt mal – nahm mal – hat malgenommen

messen[1]	measure	die Temperatur ~ / ab~ / aus~ / nach~
das M<u>a</u>ß, -e	measurement; amount	die ~e überprüfen / ein hohes ~ an Toleranz / das Längen~ / die ~einheit
gen<u>au</u>	exact	die Uhr geht ~ / ≠ un~
ex<u>a</u>ct	exact	
f<u>a</u>st	almost, nearly	~ tausend Zuschauer / ~ alles / ~ wäre es passiert.
ungef<u>ä</u>hr	about, roughly	Ich musste ~ 20 Minuten warten.
<u>e</u>twa	about, roughly	~ 10 Kilometer / ~ 100 Gramm / Es ist ~ halb eins.
z<u>ie</u>mlich	rather, quite	es dauerte ~ lang / ~ viele / ~ schnell

1 messen: ich messe, er misst – maß – hat gemessen

TEST

❶ Definitionen

1. Was übrig bleibt: _____

2. Was nicht mehr benötigt wird, ist _____.

3. Zahlen hintereinander aufsagen: _____

4. Die Summe feststellen: _____

5. Ein rechter und ein linker Schuh von gleicher Art: ein _____ Schuhe

6. Die Wissenschaft, die sich mit Zahlen beschäftigt: _____

7. Meter, Liter, Kilo sind _____.

❷ Kreuzworträtsel

1. eine Zahl mit zwei Nullen
2. vier plus vier
3. vier plus fünf
4. fünf plus fünf
5. zwei
6. acht minus fünf
7. neun minus fünf
8. Er ist ganz vorn in der Reihe.

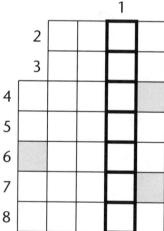

(Die Zahlen hinter den Wörtern verweisen auf die Sachgebiete.)

A

ab 176
abbiegen 186
Abend 172
abends 172
Abendbrot 15
aber 64
abfahren 139, 184
Abfahrt 135, 139
Abfall 45
abfliegen 140
Abgas 137
abgeben 134
Abgeordneter 161
abhängen 67
abhängig 67
abheben 130
abholen 90, 142
Abitur 113
ablehnen 60
Ablehnung 60
abmachen 59
abmelden 84
abnehmen 28
Abneigung 95
abonnieren 83
abrechnen 129
Abschied 90
abschleppen 138
abschließen 41, 104
Abschnitt 82
Absender 81
Absicht 57
abstimmen 101
Abteilung 103
abtrocknen 13, 25
abwärts 187
abwaschen 25
abwesend 89
abziehen 189
ach 51
acht 189

achten 62
Achtung 52
achtzig 189
addieren 189
Adler 167
Adresse 81, 84
Affe 166
ähnlich 68
Ähnlichkeit 68
Aids 29
aktiv 115
aktuell 178
Alarm 52
albern 50
Alkohol 22
all- 2
allein 89
aller- 2
allerdings 67
allgemein 69
allmählich 175
Alltag 172
Alphabet 80
als 68, 175
als ob 76
also 67
alt 85
Alter 85
Altenheim 85
Altersheim 85
alternativ 57
Ampel 135
Amt 103
amüsieren 50
an 181
analysieren 61
anbieten 15, 116, 125
Anblick 6
ander- 189
ändern 68
anders 68
Anfang 175
anfangen 117, 175
anfangs 175
anfassen 12
Anführungszeichen 80

angeblich 65
Angebot 125
angehen 62
Angehörige 88, 116
Angeklagter 110
Angelegenheit 1
angenehm 91
Angestellte 116
Angler 168
angreifen 107
Angst 53
ängstlich 53
anhaben 35
anhalten 137, 185
Anhalter 143
anklicken 122
ankommen 57, 139, 184
Ankunft 139, 184
Anlage 121
anmachen 124
anmelden 84
Anmeldung 84
annehmen 63, 67, 134
Announce 125
Anordnung 58
anprobieren 37
Anruf 79
anrufen 79
anschaffen 125
anschauen 6
anscheinend 65
anschnallen 138
Anschrift 81, 84
ansehen 6
an sein 124
Ansehen 98
Ansicht 63
Anspruch 134
anstrengen 118
anstrengend 118
Antrag 103
Antwort 72
antworten 72
anvertrauen 76
Anwalt 110

Ball 145
Bank 43, 130
bar 129
Bar 26
Bart 9
Batterie 124
Bau 46
Bauch 10
bauen 46
Bauer 163
Baum 169
Baumwolle 37
beachten 62
Beamte 103
beantragen 103
beauftragen 58
bedanken 134
Bedarf 125
bedauern 51, 97
Bedenken 60
bedeuten 70
bedienen 26, 122, 126
Bedienung 26, 122
Bedingung 67
beeilen 118
beeinflussen 58
Beerdigung 86
Befehl 58
befinden 181
befördern 142
befriedigend 113
begegnen 89
beginnen 117, 175
begleiten 90
Begriff 70
begründen 64
Begründung 64
begrüßen 90
Begrüßung 90
behalten 134, 177
behandeln 31
Behandlung 31
behaupten 63
Behauptung 63
behindern 119
Behörde 103

bei 181
beid- 189
Beileid 86
Bein 12
Beispiel 66
beißen 8, 165
Beitrag 131
bekannt 148
Bekannte 89
bekannt geben 74
Bekanntschaft 89
bekommen 134
beleidigen 96
beliebt 91
bellen 165
bemerken 62
bemühen 118
benachrichtigen 74
Benehmen 91
benehmen 91
beneiden 132
benutzen 122
Benzin 137
beobachten 6
bequem 43
beraten 58
bereit 117
Berg 161
Bericht 74
berichten 74
berücksichtigen 64
Beruf 115
Berufung 111
berufstätig 115
beruhigen 97
berühmt 148
beschädigen 138
beschäftigen 116, 117
Bescheid 77, 103
bescheiden 91
Bescheinigung 103
beschlagnahmen 109
beschließen 57
beschreiben 74
Beschreibung 74
beschuldigen 109

beschweren 96
Besen 45
besetzt 13, 79
besichtigen 143
Besichtigung 143
Besitz 132
besitzen 132
Besitzer 132
besonder-/besonders 75
besorgen 134
Besprechung 78
besser 54
Besserung 31
bestätigen 72
Besteck 25
bestehen 113, 188
bestellen 26, 125
bestimmen 58
bestimmt 76
bestrafen 111
Besuch 89
besuchen 89
beten 56
Beton 46
Betonung 71
betragen 189
betreuen 85
Betreuer 85
Betreuung 85
Betrieb 121
Betriebsrat 116
betrügen 76
betrunken 22
Bett 14
Bevölkerung 99
bevor 175
bewegen 184
Bewegung 184
Beweis 64
beweisen 64
bewerben 116
Bewerbung 116
Bewohner 47
bewundern 153
bezahlen 129
beziehen 67

Beziehung 93
Bezirk 99
Bibel 55
Bibliothek 82
Biene 168
Bier 22
Biergarten 26
bieten 125
Bild 148
Bildschirm 122
Bildung 112
Billett 139, 150
billig 129
Bindestrich 80
Bindfaden 127
Biologie 112
Birke 169
Birne 20, 124
bis 175
bisher 175
bisschen 188
bitte 134
Bitte 58
bitten 58, 134
bitter 23
blamieren 92
blass 3
Blatt 169
blau 7
Blech 123
bleiben 184
bleich 3
Bleistift 80
Blick 6
blind 6
Blinddarm 11
Blitz 155
blond 9
bloß 73
blühen 170
Blume 170
Bluse 33
Blut 11
bluten 11
Boden 187
Bohne 19

bohren 122
Bombe 106
Bonbon 21
Boot 141
böse 54, 95
Botschaft 104
Brand 48
braten 24
Braten 17
Bratpfanne 24
brauchen 59, 125
braun 7
Braut 87
Bräutigam 87
brechen 30
breit 180
Breite 180
Bremse 137
bremsen 137, 185
brennen 48
Brief 81
Briefkasten 81
Briefmarke 81
Brieftasche 84
Briefträger 81
Briefumschlag 81
Brille 6
bringen 142
Brot 16
Brötchen 16
Brücke 160
Bruder 88
Brust 10
Bub 85
Buch 82
buchen 140
Bücherei 82
Bücherschrank 82
Buchhandlung 82
Büchse 24, 127
Buchstabe 80
buchstabieren 80
Buddhismus 55
Bügeleisen 36
bügeln 36
Bühne 150

Bundeskanzler 101
Bundesland 99
Bundesregierung 101
Bundesstraße 135
Bundeswehr 105
bunt 7
Bürger 99
Bürgermeister 103
Bürgersteig 135
Büro 80
Bürste 36
Bus 136
Busch 169
Butter 16

C
Café 26
Camping 144
Campingplatz 144
CD 147
CD-ROM 122
Chance 120
Charakter 49
Chauffeur 137
Chef 116
Chemie 112, 123
chemisch 123
chic 37
Club 89
Cola 22
christlich 55
Christentum 55
Coiffeur 9
Computer 122
Couch 43
Cousin(e) 88
Creme 32

D
da 181
dabei 181
Dach 40
dafür 59

Essig 23
Etage 40
Ethik 54
etwa 190
etwas 2
eu(e)r 132
eure 132
Europa 158
evangelisch 56
eventuell 65
ewig 171
exakt 190
Existenz 2
existieren 2
Explosion 106
Export 125
exportieren 125

F
Fabrik 121
Fach 112
Fachmann 115
Fähre 141
fahren 137
Fahrer 137
Fahrkarte 139
Fahrplan 139
Fahrrad 136
Fahrt 137
fair 111, 146
Fall 109
fallen 187
falsch 64, 113
Familie 88
fangen 145
Farbe 7
farbig 7
Fasching 56
fassen 109
fast 190
faul 115
Februar 173
Fax 81
Feder 167
fegen 45

fehlen 29, 188
Fehler 113
Feier 89
Feierabend 117
feiern 89
Feiertag 56
Feigling 53
fein 23
Feind 95, 107
feindlich 107
Feld 163
Fell 164
Felsen 161
Fenster 41
Ferien 112
fern 183
fernsehen 151
Fernsehen 151
Fernseher 151
fertig 117
fest 75
Fest 89
festhalten 142
Festland 159
Festplatte 122
feststellen 65
festnehmen 109
fett 17
Fett 17
feucht 159
Feuer 48
Feuerwehr 48
Feuerzeug 27
Fichte 169
Fieber 30
Figur 10
Film 151
finanziell 130
Finanzamt 131
finden 63, 182
Finger 12
Firma 121
Fisch 18, 168
Fischer 168
Fisole 19
fit 28

flach 160
Fläche 180
Flachland 162
Flasche 25
Fleck 36
Fleisch 17
Fleischerei 17
fleißig 115
Fliege 168
fliegen 140, 167
fließen 160
Flucht 107
Flüchtling 107
Flug 140
Flügel 167
Flughafen 140
Flugzeug 140
Fluss 160
flüstern 71
folgen 175, 181
Folgerung 67
folglich 67
fordern 134
Forelle 18
Form 1
Formular 103
Forschung 114
fort 184
Fortschritt 114
Foto 152
Fotoapparat 152
fotografieren 152
Fracht 142
Frage 72
fragen 72
Fragezeichen 80
Frau 84
frech 92
frei 100
Freiheit 100
freisprechen 111
Freitag 172
Freizeit 145
fremd 90
Fremdsprache 70, 112
fressen 165

Geschenk 134
Geschichte 112, 149, 177
Geschirr 25
geschlossen 41
Geschmack 23, 153
Geschwindigkeit 185
Geschwindigkeitsbeschränkung 137
Geschwister 88
Gesellschaft 98, 121
Gesetz 110
Gesicht 3
Gespräch 78
gestehen 109
gestern 177
gestrig 177
gesund 28
Gesundheit 22, 28
Getränk 22
Getreide 163
Gewalt 108
Gewehr 106
Gewerkschaft 116
Gewicht 128
Gewinn 131
gewinnen 145
gewiss 65
Gewissen 54
gewissenhaft 115
Gewitter 155
gewöhnen 49
Gewohnheit 49
gewöhnlich 176
Gewürz 23
gießen 25, 170
Gift 108
Gitarre 147
Glas 25, 41
glatt 122
glauben 55, 63
gleich 68, 175
gleichberechtigt 100
gleichfalls 68, 176
gleichmäßig 68
gleichzeitig 175

Gleis 139
Glied 12
Glocke 41, 56
Glück 50, 145
glücklich 50, 94
Glückwunsch 87
Gold 38
Gott 55
Gottesdienst 56
Grab 86
graben 170
Grad 154
Gramm 128, 190
Gras 170
gratis 129
Gratulation 87
gratulieren 87
grau 7
Grenze 104
grillen 24
Grippe 30
groß 180
großartig 153
Größe 180
großzügig 132
grün 7
Grund 64
gründen 177
Grundlage 114
Grundriss 46
grundsätzlich 63
Gruppe 119
Gruß 81
grüßen 81
gucken 6
Gulasch 17
gültig 84
günstig 125
Gurke 19
Gürtel 33
gut 54, 113
Gymnasium 112

H

Haar 9
haben 132
Hackfleisch 17
Hafen 141
Hahn 165
Hähnchen 17
Haken 122
halb 189
Hälfte 189
Halle 42
hallo 71
Hals 3
halt 185
haltbar 24
halten 142
Haltestelle 139
Hammer 122
Hand 12
Handarbeit 37
Handel 125
handeln 125
Handschuh 34
Handtasche 33
Handtuch 13
Handwerker 115
Handy 79
hängen 122
hart 122
Hase 166
hassen 95
hässlich 153
häufig 176
Haupt- 62
Hauptstadt 99
Haus 40
Hausfrau 45
Haushalt 45
Hausmeister 40
Haut 10
heben 142
Heer 105
Heft 112
heilig 55
Heim 85
Heimat 99

Reklame 125
Rekord 146
Religion 55, 112
rennen 185
Rente 131
Reparatur 122
reparieren 122
Reporter 83
Republik 100
reservieren 144
Rest 188
Restaurant 26
Resultat 120
retten 52
Rettung 52
Revolution 100
Rezept 24, 32
Rezeption 144
Richter 110
richtig 64, 113
Richtung 186
riechen 5
Ring 38
Risiko 52
Rock 33, 147
Roggen 163
roh 24
Rohstoff 123
Rolle 150
rollen 180
Rollstuhl 31
Roman 149
Röntgenbild 31
rosa 7
Rose 170
rosten 123
rot 3, 7
Rücken 10
Rückkehr 184
Rücksicht 91
rückwärts 186
rudern 141
rufen 71
Ruhe 4
ruhig 4
rund 180

Rundfahrt 143
Rundfunk 151

S
Sache 1
sachlich 61
Sachverhalt 1
säen 163, 170
Saft 22
sagen 71
Sahne 16
Saison 144
Salat 19
Salbe 32
Salz 23
salzig 23
sammeln 188
Samstag 172
Sänger 147
Sarg 86
satt 15
Satz 70
sauber 36, 45
sauber machen 45
Sauce 17
sauer 23
Schach 145
Schachtel 127
schade 51
schaden 119
Schaden 138
Schaf 165
schaffen 120
Schaffner 139
Schal 34
Schallplatte 147
schalten 122
Schalter 124, 139
Schande 98
scharf 25
Schatten 7
schauen 6
Schaufenster 126
Schauspieler 150
Scheck 130

Scheckkarte 130
scheiden 87
Scheidung 87
Schein 130
scheinen 65, 154
schenken 134
Schere 37
Schi 156
Schicht 117
schick 37
schicken 81
schieben 142
Schiedsrichter 146
schief 180
Schiene 139
schießen 106
Schiff 141
Schild 135
schimpfen 96
Schinken 17
Schirm 155
schlachten 165
Schlaf 14
Schlafanzug 14
schlafen 14
schlagen 96
Schlagzeile 83
schlagfertig 78
Schlange 168
schlank 28
schlecht 54
schließen 41
schließlich 175
schlimm 52
Schloss 41, 100
Schluss 175
Schlüssel 41
Schuster 34
schmal 180
schmecken 23
Schmerz 29
Schmetterling 168
schminken 13
Schmuck 38
Schmuggel 104
schmutzig 36, 45

Schnaps 22
Schnauze 164
Schnecke 168
Schnee 156
schneiden 25
schneien 156
schnell 185
Schnitzel 17
Schnupfen 30
Schokolade 21
schon 175
schön 153
Schönheit 153
Schornstein 44
Schrank 43
Schraube 122
Schreck 53
schrecklich 53
schreiben 80
Schreiben 81
Schreibmaschine 80
Schreibtisch 80
schreien 71
Schrift 80
schriftlich 80
Schriftsteller 149
Schritt 136
Schuh 34
Schuhmacher 34
Schuld 54
Schulden 130
schuldig 111
Schule 112
Schüler 112
Schuljahr 112
Schulter 10
Schuss 106
Schüssel 25
Schuster 34
Schutz 52
schützen 52
schwach 28
Schwager 88
Schwägerin 88
Schwan 167
schwanger 85

Schwanz 164
schwarz 7
schweigen 71
Schwein 165
schwer 128
schwerhörig 4
Schwester 88
Schwiegermutter 88
Schwiegersohn 88
Schwiegertochter 88
Schwiegervater 88
schwierig 63
Schwierigkeit 63
Schwimmbad 159
schwimmen 159
Schwimmer 159
schwitzen 154
schwören 110
sechs 189
sechzig 189
See (die) 159, (der) 160
Seele 55
Seemann 141
Segel 141
sehen 6
Sehenswürdigkeit 143
sehr 75
Seife 13
sein 1
sein 132
seit 177
Seite 82, 180
Sekretärin 80
Sekt 22
Sekunde 171
selbst 84
selbstständig 115
selbstverständlich 73
Selbstvertrauen 53
selten 69, 176
seltsam 62
Semester 114
Semikolon 80
Semmel 16
senden 151
Sender 151

Sendung 151
Senf 23
senkrecht 187
September 173
Serie 121
Sessel 43
setzen 43
sicher 52
Sicherheit 52
Sicherheitsgurt 138
sichern 52
sie/Sie 2
sieben 189
siebzig 189
Sieg 107
Sieger 146
Silbe 70
Silber 38
Silvester 173
singen 147
sinken 187
Sinn 61, 66
Situation 174
Sitz 43
sitzen 43
sitzen bleiben 113
Sitzung 101
Skandal 83
Ski 156
Slip 34
Smog 162
so 68, 75
sobald 175
Socke 34
so dass 67
sofort 175
Software 122
sogar 75
Sohn 88
solange 175
solch 75
Soldat 105
sollen 58
Sommer 173
Sonder- 69
sondern 68

Sonnabend 172
Sonne 154, 157
Sonntag 172
sonst 69
Sorge 51
sorgen 51
sorgfältig 115
Soße 17
Souvenir 143
so viel 188
sowieso 57
sowohl ... als auch 74
sozial 133
Sozialarbeiter 133
sozialistisch 102
Soziologie 112
spannend 151
sparen 132
Sparkasse 130
sparsam 132
Spaß 50
spät 171, 172
Spatz 167
spazieren gehen 143
speichern 122
Speise-/-speise 15
Speisekarte 26
Spezial- 69
Spiegel 13
Spiel 145, 146
spielen 145
Spielzeug 145
Spinne 168
Spital 31
spitz 180
Sport 112, 146
Sportler 146
sportlich 146
Spott 96
Sprache 70
sprechen 71
Sprechstunde 31
Sprichwort 61
springen 146
Spritze 31
Sprung 146

spülen 25, 36
Spur 109
Staat 99
staatlich 99
Staatsangehörigkeit 99
Staatsanwalt 110
Stadion 146
Stadt 39
städtisch 39
Stadtplan 39
Stahl 123
Stamm 169
Standesamt 87
Standpunkt 63
Star 151
stark 28
Start 146
starten 137, 140
Station 139
statt 68
stattfinden 174
Stau 137
Staub 45
staunen 75
Steak 17
Steckdose 124
stecken 41
Stecker 124
stehen 43, 82
stehen bleiben 185
stehlen 108
steigen 187
steil 187
Stein 161
Stelle 116, 181
stellen 142
Stellung 116
Stellungnahme 66
Stempel 80
sterben 86
Stern 157
Steuer 131
Steuermann 141
Stewardess 140
Stiefel 34
Stieg 40

still 4, 71
Stille 4
Stimme 71, 102
stimmen 64
Stimmung 49
Stimmzettel 102
stinken 5
Stirn 3
Stock 40
Stoff 37
stolz 98
stoppen 137
stören 119
strafbar 108
Strafe 111
Strand 159
Straße 135
Straßenbahn 139
Strauch 169
Strauß 170
Strecke 183
Streichholz 27
Streik 116
streiken 116
Streit 96
streiten 96
Stress 118
Strom 124
Strumpf 34
Stück 188
Student 114
studieren 114
Studio 151
Studium 114
Stufe 40, 187
Stuhl 43
stumm 71
stumpf 25
Stunde 112, 171
Sturm 155
stürzen 187
suchen 182
Süden 186
Summe 189
Sünde 55
super 153

U

übel nehmen 97
über 181
überall 181
Übereinstimmung 68
überfahren 138
Überfall 108
überflüssig 188
überhaupt 73
überholen 137, 185
überlegen 61
übermorgen 179
übernachten 144
übernehmen 116
überqueren 186
überraschen 179
Überraschung 179
überreden 58
Überschrift 82
übersetzen 70
Übersetzung 70
Überstunde 117
Übertragung 151
übertreiben 75
Übertreibung 75
überweisen 130
überzeugen 64
Überzeugung 63
üblich 69
U-Boot 106
übrig 188
übrigens 78
Übung 112
Ufer 160
Uhr 171
um 171, 186
um so 68
um zu 57
umarmen 90
umdrehen 186
Umgangsformen 91
Umgebung 39
Umleitung 135
umsonst 120, 129
Umstand 1
umsteigen 139

umtauschen 130
Umwelt 162
Umweltverschmutzung
  162
umziehen 35, 47
Umzug 47
unbedeutend 62
unbedingt 75
und 74
Unfall 138
ungefähr 190
ungenügend 113
ungewöhnlich 69
Unglück 51
unheimlich 53
unhöflich 92
Uniform 105
Universität 114
unklar 66
Unkraut 170
unmöglich 60
unschuldig 111
unser 132
unten 187
unter 181
unterbrechen 78
unterdessen 175
unterhalten 78
Unterhaltung 78
Unterhemd 34
Unterhose 34
Unterkunft 47
Unterricht 112
unterrichten 112
unterscheiden 68
Unterrock 34
Unterschied 68
unterschiedlich 68
unterschreiben 81
Unterschrift 81
unterstützen 119
untersuchen 31
Untersuchung 31
Unterwäsche 34
unterwegs 184
unverschämt 92

unverständlich 66
Urkunde 103
Urlaub 117
Ursache 66
Urteil 111

V

Vase 170
Vater 88
vegetarisch 15
verabreden 90
Verabredung 90, 179
verabschieden 90
verachten 95
verändern 68
Veranstaltung 89
verantwortlich 116
Verantwortung 116
Verband 31
verbessern 120
Verbesserung 120
verbieten 60
verbinden 31, 79
Verbindung 79
Verbot 60
verbrauchen 124
Verbraucher 125
Verbrechen 108
Verbrecher 108
verbringen 174
Verdacht 109
verdächtigen 109
verdienen 131
Verein 146
Verfahren 121
Vergangenheit 177
vergeblich 120
Vergehen 108
vergessen 177
Vergleich 68
vergleichen 68
Vergnügen 50
vergrößern 180
verhaften 109
Verhalten 1

verhalten 1
Verhältnis 93
Verhandlung 78
verheiratet 87
verhindern 60
Verhör 109
verkaufen 126
Verkäufer 126
Verkehr 136
Verkehrsmittel 136
Verkehrsverein 143
Verkehrszeichen 135
verkühlen 30
verlangen 58, 134
verlängern 84
verlassen 41, 93
Verlegenheit 92
verletzen 30
Verletzung 30
Verletzter 30
verlieben 94
verlieren 145, 182
verloben 87
Verlobung 87
Verlust 182
vermieten 47
Vermieter 47
Vermittlung 47
Vermögen 132
vermuten 63
Vermutung 63
vernichten 107
Vernunft 61
vernünftig 61, 91
veröffentlichen 82
Verpackung 127
verpassen 139
verraten 77
verreisen 143
verrückt 96
Versammlung 89
versäumen 177
verschieden 68
verschlechtern 31
verschreiben 32
verschweigen 77

versetzt werden 113
versichern 138
Versicherung 138
verspäten 139
Verspätung 139
versprechen 179
Verstand 61
Verständnis 66, 93
verstecken 182
verstehen 66, 77, 93
Versuch 114, 120
versuchen 120
verteidigen 107
verteilen 134
Vertrag 104
Vertrauen 93
vertreten 116
Vertreter 125
verursachen 66
verurteilen 111
Verwaltung 103
verwandt 88
Verwandte 88
verwechseln 65
verwenden 122
verwitwet 86
Verwundeter 107
verzeihen 97
Verzeihung 97
verzollen 104
Verzweiflung 51
Video- 151
Vieh 165
viel 188
vielleicht 65
vier 189
Viertel 189
Viertelstunde 171
vierzehn 189
vierzig 189
Visum 104
Vogel 167
Volk 99
Volkshochschule 112
voll 25
völlig 75

volljährig 85
vollkommen 153
vollständig 188
von 183, 186
vor 175, 177, 181
voraus 179
Voraussetzung 67
vorbei 186
vorbereiten 117
vorder- 181
Vorfahrt 135
vorgestern 177
vorhaben 57
Vorhang 150
vorher 175
vorhin 177
vorig 177
vorkommen 174
vorläufig 175
Vormittag 172
vormittags 172
vorn 181
vornehm 91
Vorort 39
Vorschlag 58
vorschlagen 58
Vorschrift 103
Vorsicht 52
vorsichtig 52
vorstellen 61, 90
Vorstellung 61, 150
Vorteil 119
Vortrag 71
Vorurteil 65
Vorwahl 79
Vorwand
vorwärts 186
Vorwurf 96
vorziehen 57

W

Waage 128
waagerecht 187
wach 14
wachsen 85, 169

Waffe 106
Wagen 136, 139
wagen 53
Wahl 102
wählen 57
Wähler 102
wahnsinnig 96
wahr 72, 76
während 175
Wahrheit 76
wahrscheinlich 65
Währung 130
Wald 169
Wand 42
wandern 143
Wange 3
wann 175
Ware 125
Warenhaus 126
warm 24, 44, 154
Wärme 44
warnen 52
warten 179
Wartezimmer 31
warum 64
was 72
Waschbecken 13
Wäsche 36
waschen 13, 36
Waschmaschine 36
Waschpulver 36
Wasser 13, 159
Wasserhahn 13
WC 13
wechseln 130
Wechselstube 130
wecken 14
Wecker 14
weder ... noch 73
weg 184
Weg 135
wegen 64
wehtun 29
Wehrdienst 105
weiblich 84
weich 14, 24

Weide 165
weigern 60
Weihnachten 56
weil 64
Wein 22
Weinbrand 22
weinen 51
weise
weiß 7
weit 183
weiter 185
Weiterbildung 112
Weizen 163
welch 72
welk 170
Wellensittich 167
Welt 157
wenden 58
wenig 188
wenigstens 188
wenn 67, 176
wer 72
Werbung 125
werden 115
werfen 142, 145
Werk 121, 149
Werkstatt 121
werktags 172
Werkzeug 122
Wert 129
wert-/-wert 129
wesentlich 62
weshalb 64
wessen ...?
Westen 186
Wetter 154
Wetterbericht 154
Wettkampf 146
wichtig 62
widerlegen 64
widersprechen 64
Widerstand 60
wie 68, 72
wieder 176
wiederholen 74
Wiederhören 90

Wiedersehen 90
wiegen 128
Wiese 170
wieso 64
wie viel 188
wild 166
Wild 166
Wille 57
willkommen 90
Wind 155
Winkel 180
winken 90
Winter 156, 173
wir 2
wirken 32, 66
wirklich 61
Wirklichkeit 61
Wirkung 66
Wirt 26
Wirtschaft 121
wischen 45
wissen 72, 77, 113
Wissenschaft 114
Witwe 86
Witz 50
wo 181
Woche 172
Wochentag 172
wochentags 172
wöchentlich 172
woher 181
wohin 181
wohl 50, 65
Wohl 50
Wohnblock 40
wohnen 39, 47
Wohnung 42
Wohnwagen 144
Wolke 155
Wolle 37
wollen 57
Wort 70, 78
Wörterbuch 70
Wunde 30
wunderbar 153
wundern 75

A

a few 189
a little 188
a long time 171
a long way 183
a long way away 183
a lot/more/most 188
a pity 51
a short time ago 177
a, an 188
A levels 113
about 190
above 181
abroad 104
absent 89
absolutely 63, 75
accept 134
accident 138
accommodation 47
accompany 90
according to 68
account 130
accusation 96
accuse 109
accused 110
achieve 115, 120
acquaintance 89
acquit 111
across 186
act 1
action 1
action group 102
active 115
actor 150
actually 66, 76
add 188, 189
add up 189
address 81, 84
adjust 122
administration 103
admire 153
admission 150
admit 76, 102
admittedly 67
adult 85
adult aducation 112

adult education
    institute 112
advance 179
advantage 119
advertisement 125
advertising 125
advice 58
affect 58
affection 94
afford 115
after 175
after that 175
afternoon 172
afterwards 175
again 176
against 60, 186
age 85
ago 177
agree 59
agree with/to 64
agreeable 93
agreed 59
agreement 47, 59, 68,
    104
agriculture 163
ahead 179
AIDS 29
aim 106
air 5, 154
air-conditioning 44
air force 105
air mail 81
airport 140
alarm 52
alarm(clock) 14
alcohol 22
alive 85
all 2
all right 64
allegedly 65
allow 59
almost 190
alone 89
along 186
alphabet 80
already 175

also 68, 176
alternative 57
although 67
altitude 161
altogether 188
always 171, 176
ambitious 118
ambulance 31
ammunition 106
among 181
amount 189, 190
amount to 189
analyse 61
and 74
anger 96
angle 180
angler 168
angry 95, 96
animal 164
annihilate 107
announce 74
announcement 151
annoyed 95
answer 72
answering machine 79
anxious 53
any 2
anyone 2
anything 2
anyway 57
apartment 42
apartment house 40
apologize 97
apology 97
apparatus 122
apparently 65
appeal 111
appear 63, 65, 82
appendix 11
appetite 15
applaud 150
apple 20
appliance 122
application 103
apply for 103
apply for a job 116

be open 41
be over 175
be pleased 50
be present 89
be quiet 71
be right to 116
be shut 41
be situated 181
be sorry 97
be sufficient 188
be suited to 116
be surpised 75
be tiring 118
be true 64
be unsuccessful 120
be useful 119
be valid 84
be worth 129
be worth it 120
be wrong 29
beach 159
bean 19
beard 9
beautiful 153
beauty 153
because 64
because of 64
become 115
bed 14
bedclothes 36
bee 168
beer 22
beer garden 26
beetle 168
before 175
beforehand 175
begin 117, 175
beginning 175
behave 1, 91
behaviour 1, 91
behind 181
believe 55, 63
bell 41, 56
belong (to) 132
belt 33
bench 43

bend 135
bent 180
beside the point 62
besides 188
betray 77
between 181
Bible 55
bicycle 136
big 180
bill 129
billfold 84
billion 189
biology 112
birch 169
bird 167
biro 80
birth 85
birthday 84
biscuits 16
bite 165
bitter 23
black 7
black currant 20
blackboard
blame 54
blanket 14
bleed 11, 30
blind 6
block of (rented)
   flats/apartments
   40, 47
blond 9
blood 11
bloom 170
blossom 170
blouse 33
blue 7
blue-collar worker 116
blunt 25
blush 3
board 112
boat 141
body 10
boil 24
bold 53
bomb 106

bone 10
book 82, 140, 144
bookcase 82
bookshop 82
bookstore 82
boot 34, 136
border 104
boring 62
borrow 134
boss 116
both 189
bottle 25
bouquet 170
bowl 25
box 24, 127
box on the ears 96
boy 85
bracelet 38
brake 137, 185
branch 169
brand 125
brandy 22
brave 53
bread 16
breadth 180
break 30, 118
breakdown 138
breakfast 15
breast 10
breath 5
breathe 5
brick 46
bride 87
bridegroom 87
bridge 160
briefs 34
bring 142
broad 180
broadcast 151
brochure 125
broken 122
broom 45
broth 17
brother 88
brother-in-law 88
brothers and sisters 88

brown 7
brush 36, 45
budgie 167
Buddhism 55
build 46
building 40, 46
bulb 124
bunch 170
bureau de change 130
burglar 108
burglary 108
burn 48
bus 136
bush 169
business 1
busy 79
but 64, 68, 73
butcher's 17
butter 16
butterfly 168
button 33
buy 125, 126, 134
by 181
by chance 179
by the way 78

C

cabbage 19
cabin 141
cable 124
café 26
cage 166
cake 16
calculate 189
calendar 173
calf 165
call 71, 79
call on s.o. 58
calm 4
calm down 97
camera 152
camp(ing)-site 144
camping 144
can 24, 127
canal 160

canary 167
candidate 102
candy 21
canteen 26
cap 34
capable 115
capital 99, 130
captain 141
car 136, 139
car park 137
caravan 144
carbonic acid 22
card 145
care 52, 118
care for 31
careful 52, 115
careless 115
caretaker 40
carnation 170
carnival 56
carp 18
carpet 42
carriage 139
carrot 19
carry 142
case 109, 110
cash 129
cash up 129
cash-desk 129
casserole 24
cassette 147
cassette recorder 147
castle 100
casualty 52
cat 165
catalogue 125
catastrophe 138
catch (a) cold/chill 30
catch 145
cathedral 56
Catholic 56
cattle 165
cause 66
caution 52
CD 147
CD-ROM 122

ceiling 42
celebrate 89
celebration 89
cellar 40
cemetry 86
centimetre 190
central 39
centre 39, 180
cereals 163
certain 65
certainty 52, 67
certificate 103, 113
chair 43
champagne 22
chance 66, 120
chancellor 101
change 130, 139
change 35, 68
chapter 82
character 49
characteristic 1, 49
charming 91
cheap 129
cheat 76
check 65, 130
check-out 129
checkroom 35
cheek 3
cheeky 92
cheerful 50
Cheers! 22
cheese 16
chemical 123
chemist's 32
chemistry 112
cheque 130
cheque card 130
cherry 20
chess 145
chest 10
chestnut 169
chic 37
chicken 17, 165
child 85, 88
childhood 85
chimney 44

chocolate 21
choose 57, 125
Christian 55
Christianity 55
Christmas 56
church 56
church service 56
cigar 27
cigarette 27
cinema 151
circle 180
circulation 11
circumstance 1
citizen 99
city centre 39
civil servant 103
civilisation 177
claim 63, 134
clamber 187
clap 150
class 112
classes 112
classical 147
clause 70
clean 36, 45
clear 66, 71
clear up 66
clever 61
click 122
client 126
climate 154
climb 187
clinic 31
cloakroom 35
clock 171
close 41, 183
closed 41
closet 43
cloth 25
clothes 33, 35, 36
cloud 155
club 89, 146
clue 109
co-determination 116
coal 124
coast 159

coat 34
cock 165
code 79
coffee 22
coffin 86
coke 22
cold 30, 44, 156
collar 33
colleague 119
collect 142, 188
college 114
collide 138
colon 80
colour 7
coloured 7
colourful 7
comb 9
come 184
comfort 51
comfortable 42, 43
comma 80
comment 151
commentary 151
commercial 125
commission 47, 102, 125
communication 74
community 104
company 121
compare 68
comparison 68
competent 115
competition 125, 146
complain 51, 96
complete 103, 188
completely 75
complicated 63
comprehension 66
compromise 60
computer 122
conceal 77
conceited 92
concentrate 61
concern 62
concert 147
concerto 147

conclude 104
conclusion 67
conclusive 175
concrete 46, 66
condition 67
condolences 86
condom 29
conductor 139
confectionery 21
conference 78
confess (to) 109
confide 77
confidence 93
confirm 72
conflict 96
confuse 65
congratulate 87
congratulation 87
connect 79
connection 79, 93, 139
conscience 54
conscientious 115
consequence 67
conservative 102
consider 61, 64
consideration 91
consist of 188
console 51
conspicuous 62
construction 46
consulting hours 31
consumer 125
contact 93
contain 127
container 127
content 50
contents 82
context 82
continent 158
continually 176
contract 104
contradict 64
contribution 131
conversation 78
convict 111
conviction 63

convince 64
cook 24
cookbook 24
cooked 24
cookies 16
cooking pot 24
cool 156
cooperation 119
copier 80
copper 123
copy 80
corn 163
corner 42
correct 64, 113
correspond to 68
corridor 42
cost 129
cost(s) 129
cotton 37
couch 43
cough 30
count 189
country 99
countryside 162
couple 189
courage 53
courageous 53
court 110
course 112
courtyard 40
cousin 88
cow 165
coward 53
crab 168
craftsman 115
crazy 96
cream 16, 32
credit 130
credit card 130
crime 108, 109
criminal 108
crisis 100
critical 61
criticism 61
crockery 25
croissant 16

crooked 180
crop 163
cross 95
cross (over) 186
crossing 135
crossroads 135
cry 51, 71
cucumber 19
cuisine 24
culprit 109
cunning 76
cup 25
cupboard 43
curious 62
currency 130
current 178
curtain 41, 150
curved 180
cushion 43
customer 26, 126
customs 104
cut 25
cutlery 25
cutlet 17
cyclist 136

D

daily 172
daily routine 172
damage 138
damp 159
damson 20
dance 147
danger 52
dangerous 52
dare 53
dark 7
darkness 7
darling 94
date 90, 171, 173, 179
daughter 88
daughter-in-law 88
day 172
dead 86
dead person 86

deadly 86
deaf 4
deal 117
deal (with) 117
dear 94
death 86
debts 130
deceive 76
December 173
decide (on) 58
decide 57
decision 57, 103
declare 104
decrease 188
deduct 189
deed 1
deep 160
deer 166
defeat 107
defend 107
definitely 76
degree 154
delay 139
delicate 23
deliver 125
delivery 125
demand 58, 125, 134
democracy 100
democratic 100
demonstration 60
denomination 56
deny 76, 109
depart 139, 140, 184
department 103
department store 126
departure 139
depend 57, 67
dependent 67
depression 155
deputize 116
deputy 101
derision 96
describe 74
description 74
desire 57, 134
desk 80

increase 180, 188
indeed 65
independent 115
industry 121
inflation 130
influence 58
inform 74
information 72, 74, 103
inhabitant 47, 99
inherit 86
injection 31
injure 30
injured person 30
injury 30
inland revenue 131
inn 26
innocent 111
inquisitive 62
insect 168
inside 41, 181
installations 121
instead of 68
institute 114
instruction 58
instructions (for use)
  122
instrument 147
insult 96
insurance 138
insure 138
intellect 61
intelligent 61
intend 57
intention 57
interest 62, 130
interesting 62
internal 11
internal revenue service
  131
international 104
internet 122
interpreter 70
interrogation 109
interrupt 78
intersection 135
interview 83

intestine(s) 11
into 186
introduce 90
invent 114
inverted comma 80
invitation 89
invite 89
invoice 129
iron 36, 123
ironic(al) 96
Islam 55
island 159
issue 84
it 2
its 132

J

jacket 33
jam 16
janitor 40
January 173
jazz 147
jealous 94
jealousy 94
jeans 33
jewel 38
jeweller 38
jewellery 38
job 115, 116, 117
job application 116
jogging 146
joint 119
joke 50
journalist 83
journey 137, 143
joy 50
Judaism 55
judge 110
juice 22
July 173
jump 146
June 173
just 73, 111, 177
just as/like 68
justice 111

K

keep (well) 24
keep 134
keep quiet about 77
key 41, 122
keyboard 122
kill 108
kilo(gram) 128, 190
kilometre 190
kind 1, 91
kindergarten 85
king 100
kiosk 126
kiss 94
kitchen 24
knee 12
knife 25
knock 41
knock down 138
know 72, 90, 113
know about 77
knowledge 72
Koran 55

L

labourer 116
ladder 187
lady 84
lake 160
lamp 124
land 99, 140
landing 140
landlord 26, 47
language 70
large 180
last 171, 177, 189
late arrival 139
late/later/latest 171, 172
laugh 50
law 110
law court 110
lawn 170
lawyer 110
lay 142
lazy 115

mean 70, 132
meaning 61, 66
means 130
means of transport 136
meanwhile 175
measure 190
measurement 190
meat 17
mechanic 122
medicine 31, 32
meet 89, 90
meeting 78, 89
melody 147
member 102, 116
member of parliament 101
member of the audience 150
memory 177
mention 74
menu 26
merchandise 125
message 74
metal 123
method 121
metre 190
midday 172
middle 180
midge 168
midnight 172
milimetre 190
military service 105
milk 22
mill 163
million 189
mince 17
mind 61
mineral water 22
minister 56, 101
ministry 101
minor 85
minor detail 62
minor point 188
minority 101
minute 171
mirror 13

miserly 132
miss 139, 177
mistake 65, 113
mistrust 95
misty 155
misunderstand 65
misunderstanding 65
mix 7
moan 51, 96
mobile (phone) 79
mockery 96
model 121
modern 178
modern languages 112
modest 91
moment 171
Monday 172
money 130
monitor 122
monkey 166
month 173
mood 49
moon 157
morality 54
morals 54
more 188
morning 172
mortal 86
mortal danger 52
most (of) 188
mostly 176
mother 88
mother tongue 70
mother-in-law 88
motor cycle 136
motorway 135
mountain 161
mountains 161
mourning 86
mouse 122
mouth 8, 164
move 47, 180, 184
move in 47
move out 47
move up (a class) 113
movement 184

movie 151
movie theater 151
much 75
multiply 189
multy-storey carpark 137
municipal 39
murder 108
murderer 108
muscle 10
museum 143
mushroom 169
music 112, 147
must 59
mustard 23
muzzle 164
my 132
myself

N

nail 12, 122
naked 35
name 84
namely 66
narrate 74
narrow 180
nationality 99
native language 70
natural 73, 123
nature 1, 162
navy 105
near 181, 183
nearly 190
necessary 119
neck 3
necklace 38
need 125, 133
needle 37
needle work 37
need (to) 59
negative 60
negotiation 78
neighbour 47
neither nor 73
nephew 88

nervous 96
nest 167
never 176
nevertheless 67
new 126
New Year 173
New Year's Eve 173
news 74, 151
newspaper 83
next 189
next to 181
next-door 183
nice 91
niece 88
night 172
nightdress 14
nil 189
nine 189
ninety 189
no 73
no one 2
noble 54
nobody 2
noise 4
noisy 4
noodle 17
normal 69
normally 176
north 186
nose 5
not 73
not only ... but also 74
note 80, 130, 177
nothing 2, 188
notice 62, 77
notify 74
nought 189
novel 149
November 173
now 175, 178
now and then 176
nowhere 181
number 189
numerous 188
(male) nurse 31
nut 20

O

o'clock 171
oak 169
oath 110
obey 59
object 1
objection 64
objective 61
observe 6, 62
occasion 174
occupied 13
occupy (o.s.) 117
occur 174
ocean 159
October 173
of age 85
of course 73
of no importance 62
of today 178
of yesterday 177
off 184
offence 108
offend 96
offender 109
offer 15, 116, 125
office 31, 80, 103
officer 105
official 103
often 176
oh! 51,75
oil 124
ointment 32
old 85
old age 85
old people's home 85
on 181, 185
on account of 64
on the left 186
on the one hand,
   on the other hand 68
on the right 186
on the road 184
on time 179
on working days 172
On your marks! 52
on-the-job training 115

once 176
one 2, 189
one-way street 135
onion 19
only 73, 189
open 41, 126, 130
opera 150
operate 31, 122
operation 31, 122
opinion 63
opponent 146
opportunity 174
opposite 68, 181
opposition 101
or 68
oral 80
orange 7, 20
orchestra 147
order 26, 45, 58, 125,
   189
organ 11
organisation 116
organise 116
organize 45
original 62, 80
other 68, 189
otherwise 69
ought to 58
our 132
out of 186
outing 143
outrageous 92
outside 41, 181
over 181
over there 181
overtake 137, 185
overtime 117
own 132
owner 132

P

pack (up) 127
packaging 127
packet 127
page 82

possess 132
possibility 57
possible 59, 65
possibly 65
post 81
post office 81
postcard 81
postcode 81
poster 125
postman 81
pot 24, 25
potato 19
poultry 17
pound 128
pour 25
poverty 133
power 101
power station 124
practical 122
practice 31
praise 91
pray 56
prayer 56
precious stone 38
prefer 57, 59
pregnant 85
prejudice 65
prepare 117
prerequisite 67
prescribe 32
prescription 32
present 89, 134, 178, 181
presentation 74
president 100
press 83, 122
presume 63, 67
presuppose 67
pretext 76
pretty 37, 153
prevent (s.o. doing s.th.) 119
prevent 60
price 129
priest 56
print 82

print(ing) 82
printed matter 81
printer 122
priority 135
prison 111
prisoner of war 107
private 84
probable 65
probably 65
problem 63
procedure 121
process 121
produce 121
product 121
production 121
profession 115
professional 146
professor 114
profit 131
programme 151
progress 114
project 57
promise 179
pronounce 71
proof 64
property 132
propose 58
prospectus 125
protect 52
protection 52
protest 60
protestant 56
proud 98
prove 64
proverb 61
provisional 175
proximity 183
pst! 71
psychology 49
pub 26
public 98
public holiday 56
public prosecutor 110
public servant 103
publish 82
pull 142

pullover 33
punctual 179
punish 111
punishable 108
pupil 112
purchase 125
purpose 57, 66
purse 130
push 142
put 41, 142
put on 35
put on make up 13
put on weight 28
put on your seat-belt 138
put out 48
put through 79
put up one's hand 112
put up with 97
puzzle 77
pyjamas 14

Q

quality 49, 125
quantity 188
quarter 189
quarter of an hour 171
question 72
question mark 80
quick 185
quick at repartee 78
quick-witted 78
quiet 4
quite 75 190

R

rabbit 166
radio (station) 151
radio 151
raid 108
rail 139
railroad 139
railway 139
rain 155

rust 123
rye 163

S

sad 51
safe 52
safety 52
safety belt 138
sail 141
sailor 141
salad 19
salary 131
salesperson 125
salt 23
salty 23
sardine (in oil) 18
satisfied 50
Saturday 172
sauce 17
saucepan 24
sausage 16, 17
save 52, 122, 132
savings bank 130
say 71, 84
say goodbye 90
say nothing 71
say thank you 134
scales 128
scandal 83
scarce 188
scarf 34
scent 5
schnapps 22
schnitzel 17
school 112
school-leaving exam
    113
school report 113
school year 112
science 114
scissors 37
screen 122
screw 122
sea 159
seagull 167

season 144, 173
seasoning 23
seat 43
seat belt 138
second 171, 189
secret 77
secretary 80
section 82, 110
see 6, 143
seem 63, 65, 174
seize 109
seldom 176
select 57, 125
self 84
self-confidence 53
self-employed 115
sell 126
semester 114
semi-colon 80
send 81
sender 81
sense 61, 66
sense of community
    119
sensible 61, 91
sentence 70, 111
separate 61
September 173
series 121, 189
serious 51
serve 26, 122, 126
service 56
service station 137
session 101
set off 184
seven 189
seventy 189
sew 37
sewing machine 37
shade 7
shadow 7
shallow 160
shame 98
shape 1
share out 134
sharp 25

shave 9
she 2
sheep 165
sheet 14
shelf 43
shift 117
shine 154
ship 141
shirt 33
shock 53
shoe 34
shoemaker 34
shoot 106
shop 126
shop assistant 126
shop window 126
short 171, 183, 188
short-sighted 6
shot 106
should 58
shoulder 10
shout 71
show 182
shower 13
shrub 169
shut 41
sick 29
sick person 29
sickness 29
side 180
sidewalk 135
sight 6, 143
sign 81, 135, 182
signature 81
silence 4
silent 4, 71
silly 50, 61
silver 38
similar 68
simple 63
simultaneously 175
sin 55
since 177
sincere 76
sing 147
singer 147

single 87, 189
sinister 53
sink 187
sister 88
sister-in-law 88
sit 43
sit down 43
sitting 101
situation 174, 181
six 189
sixty 189
ski 156
skiing 156
skin 10
skirt 33
sky 157
slaughter 165
sleep 14
sleeve 33
slight 188
slim 28
slippery 122
sloping 180
slow 115, 185
small 180, 188
small parcel 127
smart 37
smell 5
smell nice 5
smile 50
smog 162
smoke 27, 48
smoker 27
smooth 122
smuggling 104
snail 168
snake 168
sneeze 30
snout 164
snow 156
so 64, 67, 68, 75
so long as 175
so much 188
so that 57, 67
soap 13
sober 22

social 133
social worker 85, 133
socialist 102
society 98
sociology 112
sock 34
socket 124
sofa 43
soft 14, 24
soft drink 22
software 122
soldier 105
soldier killed in action
    107
sole 188
solution 63
solve 3, 63
some 2, 189
someone 2
something 2
sometimes 176
son 88
son-in-law 88
song 147
soon 175
sorry 97
sort 1
soul 55
sound 4
sound the horn 137
soup 17
sour 23
source 160
south 186
souvenir 143
sow 163, 170
space 180
spaghetti 17
sparkling wine 22
sparrow 167
speak 71
special 69, 75
specialist 115
specially 75
speech 71
speed 185

speed limit 137
spell 80
spend 132, 174
spend the night 144
sphere 180
spice 23
spider 168
spirit 22
splendid 153
spoon 25
sport 112, 146
sportsman 146
sporty 146
spot 36
spring 173
spruce 169
square 135
square metre 190
stadium 146
stag 166
stain 36
stair 40, 187
staircase 40, 187
stairs 40, 187
stamp 80, 81
stand 43
stand in for 116
stand still 185
stand up 43
standing 98
star 151, 157
start 117, 137, 146, 175
state 1, 99
state(-owned) 99
statement 66, 109
station 139, 151
stay 39, 144, 184
stay in bed 14
steak 17
steal 108
steel 123
steep 187
step 40, 136, 187
stew 17
stick 127
stink 5

stock 127
stocking 34
stomach 10, 11
stone 161
stool 43
stop 119, 137, 139, 175, 185
store 127
storey 40
storm 155
story 149
stove 24, 44
straight 180
straight on 186
straightaway 175
strange 62, 90
strawberry 20
street 135
strength 28
stress 71, 118
strike 116
string 127
strong 28
student 112, 114
studies 114
studio 151
study 114
stupid 61, 96
subject 112
submarine 106
suburd 39
succeed 120
success 120
such 68, 75
suddenly 175, 179
suffer 29
sugar 23
suggest 58
suggestion 58
suit 33
suitcase 139
sum 189
summarise 74
summary 74
summer 173
sun 154, 157

Sunday 172
super 153
supermarket 126
supper 15
supply 125
support 119
suppose 63
supposedly 65
supposition 63
surface 180
surgery 31
surprise 75, 179
surrounding area 39
suspect 63, 109
suspicion 63, 109
swan 167
swear 110
sweat 154
sweater 33
sweep 45
sweet 21, 23
sweet corn 163
sweets 21
swim 159
swimmer 159
swimming pool 159
switch 122, 124
switch off 124
switch on 124, 151
syllable 70
symbol 70
sympathy 54
system 121

T

table 43, 83
tablet 32
tactless 92
tail 164
take (time) 171
take 134, 142
take account of 64
take away/off 189
take badly 97
take care (of) 117

take effect 32
take notice of 62
take off 140
take on/over 116
take out a subscription 83
take part 89
take place 174
take revenge 97
take trouble 118
takings 131
talk 71, 78
tall 180
tank 106
tanker 141
tap 13
task 112
taste 23, 153
tax 131
tax office 131
taxi 136, 180
tea 22
teach 112
teacher 112
teaching 112
team 119, 146
tear 51
technical 122
technique 122
technology 122
telegram 81
telephone 79
telephone book 79
telephone box/booth 79
telephone call 79
television (set) 151
television 151
tell 71, 74
temperature 30, 154
temporary 175
temporary job 117
ten 189
tenancy 47
tenant 47
tender 24

tram 139
transfer 130
translate 70
translation 70
transmission 151
transport 142
travel 143
travel agency 143
tread 136
treat 31
treatment 31
treaty 104
tree 169
tremble 53
trend 37
trial 110
triangle 180
trick 76
trip 137, 143
trouble 95, 118
trousers 33
trout 18
truck 136
true 72, 76
trumpet 147
trunk 136, 169
trust 93
truth 76
try 23, 120
try on 37
T-shirt 33
tube 127
Tuesday 172
tulip 170
turn 58, 137
turn down 60
turn off 124, 186
turn on 124, 151
turn around 186
twelve 189
twenty 189
twenty-one 189
twenty-two 189
twig 169
two 189
two billion 189

two hundred 189
two hundred and ten 189
two million 189
two thousand 189
type 1, 80
typewriter 80
typical 69
tyre 137

U

ugly 153
umbrella 155
uncanny 53
uncle 88
unclear 66
under 181
undershirt 34
under age 85
understand 66, 77, 93
underwear 34, 36
undress 35
unemployed 116
unemployed person 116
unfamiliar 90
unfortunately 97
unhappiness 51
uniform 105
unimportant 62
university 114
unnecessary 188
unpack 127
until 175
unusual 69
up 187
up to now 175
up(wards) 187
urgent 58
use 122, 124
useful 119
usual 69
usually 176

V

vaccination 29
valid 84
valley 161
value 129
various 68
vase 170
vegetable(s) 19
vegetarian 15
vending machine 122
verdict 111
vertical 187
very 64, 74
very much 75
vest 34
vicar 56
vicinity 183
victim 52
victory 107
video 151
view 63
village 39
vinager 23
violence 108
violin 147
visa 104
visit 89
voice 71
vote 101, 102
voter 102

W

wage rate 131
wage(s) 131
wait 179
wait on 26
waiter 26
waiting room 31
waitress 26
wake 14
wake up 14
walk 136, 143
wall 42, 46
wallet 84, 130
wallpaper 42

Lösungsschlüssel

Test nach Abschnitt 14

1. 1. der Hals 2. die Haut 3. der Rücken 4. der Bart 5. das Blut 6. das Badezimmer 7. das Handtuch 8. das Taschentuch 9. die Zahnbürste, die Zahnpasta 10. der Traum 11. blind 12. taub

2. 1. der Mund 2. das Ohr 3. die Augen 4. die Nase 5. das Bein

3. 1. grün 2. rot 3. gelb 4. blau 5. orange 6. schwarz / braun

4. 1. die Dunkelheit 2. schwarz 3. leise 4. stinken/riechen 5. schlafen 6. aufstehen 7. blass 8. die gute/frische Luft

5. Daumen, Zeigefinger, Mittelfinger, Ringfinger, kleiner Finger

6. 1. die 2. die 3. die 4. der 5. der 6. der

Test nach Abschnitt 27

1. 1. das Frühstück, das Mittagessen, das Abendbrot/Abendessen 2. die Apfelsine/Orange, die Zitrone 3. der Teller, die Tasse, das Glas 4. der Herd, der Ofen, der Kühlschrank

2. 1. die Sahne 2. die Soße 3. bestellen 4. das Trinkgeld 5. der Tabak

3. 1. Hunger 2. Appetit 3. Marmelade 4. Durst

4. 1. Kaffee, Tee 2. süß, sauer 3. Löffel, Messer, Gabel, kleinen Löffel 4. Feuerzeug, Streichholz

5. Honig, Torte, Marmelade, Marzipan, Pudding – Wurst, Brühe, Kotelett, Hähnchen, Forelle

Test nach Abschnitt 32

1. 1. der Arzt 2. der Patient 3. das Wartezimmer 4. das Rezept 5. die Apotheke 6. das Krankenhaus / die Klinik 7. die Krankenschwester 8. sich erholen

2. 1. krank 2. schwach 3. dick 4. abnehmen

3. 1. Krankenhaus 2. untersuchen 3. Zahnarzt 4. Gesundheit 5. Medikament 6. krank

4. 1. dünn 2. sich verkühlen 3. der Doktor 4. die Klinik / das Spital

Test nach Abschnitt 38

1. 1. Schere 2. Wolle 3. Garderobe 4. Juwelier 5. Gold

2. 1. schmutzig 2. ausziehen 3. passt

3. waschen – spülen – trocknen – bügeln

Test nach Abschnitt 48

1. 1. Großstadt; Dorf 2. Lift; Rolltreppe 3. Fußboden; Decke; Wand 4. Schornstein 5. warm 6. frieren

2. 1. das Mietshaus 2. die Miete 3. die Gardine 4. die Tapete 5. einziehen 6. umziehen 7. Nachbarn

3. 1. Ausgang 2. aufstehen 3. kalt 4. sauber machen/putzen 5. zumachen/schließen 5. drinnen 7. ausziehen

4. Städte, Dörfer, Häuser, Höfe, Räume, Stühle, Schränke, Öfen

Test nach Abschnitt 53

1. 1. sich freuen 2. vorsichtig 3. weinen 4. ängstlich

2. 1. schlechte Laune 2. das Unglück / das Pech 3. unzufrieden 4. weinen 5. unglücklich 6. mutig 7. unvorsichtig 8. die Sicherheit 9. Feigling

3. 1. albern 2. zu viel wagen 3. totlachen 4. lächeln 5. der Witz 6. amüsieren 7. die Lebensgefahr

Test nach Abschnitt 56

1. 1. Religionen 2. die Sünde 3. die Kirche 4. der Dom 5. die Messe 6. die Hölle 7. tolerant 8. fromm 9. gut/edel

2. 1. Weihnachten 2. Karfreitag 3. Ostern

4. Pfingsten
❸ 1. schlecht/böse
2. unmenschlich
3. intolerant 4. Sünde
5. katholisch
❹ 1. gut 2. Gott
3. Gebet 4. Glocke
5. glauben 6. Gewissen

Test nach Abschnitt 60
❶ 1. Rat, Vorschlag,
Bitte, Aufforderung,
Befehl 2. Bedenken,
Ablehnung, Protest,
Widerstand
❷ 1. dagegen 2. die
Zustimmung 3. ablehnen 4. die Erlaubnis
5. erlauben
❸ 1. Wille 2. Plan
3. Beratung 4. Befehl
5. Bitte 6. Aufforderung
7. Beeinflussung 8. Erlaubnis 9. Ablehnung
10. Protest 11. Verbot
12. Entscheidung
13. Vorschlag 14. Genehmigung

Test nach Abschnitt 69
❶ 1. denken 2. annehmen 3. begründen
4. verwechseln 5. prüfen
❷ 1. Nebensache 2.
unwichtig 3. schwierig/
kompliziert 4. dumm
5. unsachlich 6. Gemeinsamkeit 7. langweilig/uninteressant
8. Unrecht
❸ 1. Philosoph
2. überlegen 3. anneh-

men 4. überzeugt 5. vertrete 6. zweifeln 7. geirrt 8. Tatsache 9. Ausnahme ≈ 1. Beispiel
2. Verstand 3. jedoch
4. Meinung 5. seltsam
6. ähneln 7. Philosoph
8. Ausnahme 9. denn

Test nach Abschnitt 83
❶ 1. sprechen
2. definieren 3. anrufen
4. lesen 5. übersetzen
6. schreiben
❷ 1. nein 2. Lüge/Unwahrheit. 3. antworten
4. zugeben 5. schreien/
rufen 6. schriftlich
7. Original
❸ 1. Wörterbuch
2. Übersetzer/Dolmetscher 3. flüstern
4. schweigen 5. schlagfertig 6. Unterschrift
7. Briefträger 8. Zeitung
9. Telefonzelle 10. Presse

Test nach Abschnitt 98
❶ lieben, sich verstehen, herzlich, freundlich – hassen, beleidigen, rücksichtslos, frech
❷ 1. Tod 2. tot 3. alt
4. ledig / geschieden /
verwitwet 5. verabschieden 6. unhöflich 7. verzeihen 8. minderjährig
9. Misstrauen
10. Abneigung 11. Liebe
❸ 1. Geburtstag
2. Junge 3. Sarg 4. Testament 5. Junggeselle

6. Eltern 7. Geschwister
8. Benehmen 9. Ohrfeige 10. räche
11. entschuldige
❹ 1. die 2. die 3. der
4. der 5. der 6. die
❺ 1. Vater 2. Eltern
3. Mutter 4. Tante
5. Tochter 6. Nichte
7. Schwester 8. Verwandte 9. Geschwister

Test nach Abschnitt 111
❶ 1. schießen 2. ausfüllen 3. regieren
4. kämpfen 5. stehlen
6. schwören
❷ 1. die Mehrheit
2. der Friede 3. die Niederlage 4. zugeben/ eingestehen 5. verurteilen
6. unschuldig
7. ungerecht
❸ 1. die Hauptstadt
2. das Heimweh 3. das
Königreich / die Monarchie 4. der Abgeordnete
5. die Grenze 6. der
Krieg 7. der Einbrecher
8. der Mörder 9. das
Gift 10. das Gericht
11. der Rechtsanwalt
12. der Düsenjäger
13. das U-Boot

Test nach Abschnitt 114
❶ 1. Schüler 2. Lehrer
3. Professor/Dozent
4. Student 5. Zeugnis
6. Abitur 7. Universität
8. Wissenschaft
9. Forschung

② 1. Prüfung 2. Studium 3. korrigieren
4. Klasse 5. Abitur
6. Diktat 7. Übung
8. Arbeit 9. Universität

Test nach Abschnitt 120
❶ fleißig, zuverlässig,
sich anstrengen, fähig –
langsam, nachlässig,
faul
② Direktor, Chef, entlassen – Angestellter,
Arbeiter, streiken
❸ 1. Meister 2. fleißig
3. entlassen 4. sorgfältig
5. aufhören 6. schaden
7. Nachteil 8. Misserfolg
❹ 1. der Fachmann
2. sich bewerben
3. streiken 4. arbeitslos
5. die Gewerkschaft /
der Betriebsrat 6. die
Pause 7. der Feierabend
8. der Urlaub
❺ 1. arbeiten 2. Arbeiter 3. arbeitslos 4. Ar-
beitsamt 5. Arbeitgeber
6. Arbeitszeit 7. Arbeit-
nehmer

Test nach Abschnitt 134
❶ 1. unverbindlich
2. arm 3. reich 4. billig
5. schwer
② 1. Import 2. kaufen
3. teuer 4. arm 5. nehmen
❸ 1. produzieren
2. Werbung 3. Laden
4. Vermögen
❹ 1. Werkzeuge 2. Me-
talle 3. Elektrizitätswerk

/Kraftwerk 4. eine Mark
5. Garantie 6. Rech-
nung 7. Quittung
8. reich 9. Kredit/Schul-
den

Test nach Abschnitt 144
❶ 1. Ampel 2. Bürger-
steig 3. Benzin 4. Reifen
5. Pilot 6. Segel 7. Tou-
rist
② 1. Einbahnstraße
2. Fußgänger 3. Führer-
schein 4. Tanker
5. Anhalter
❸ 1. Ankunft
2. aussteigen 3. landet
❹ 1. Ampel 2. Tank-
stelle 3. Sicherheitsgurt
4. Lokomotive
5. Kapitän 6. Hotel
7. Campingplatz

Test nach Abschnitt 153
❶ 1. Theater 2. Kino,
Fernsehen 3. Radio
② 1. Freizeit 2. verlieren 3. hässlich
❸ 1. Schauspieler
2. Oper 3. Orchester
4. Star 5. Zuschauer/
Publikum 6. Geschmack
❹ 1. Dichter 2. Melo-
die 3. hässlich 4. Ge-
dicht 5. klatschen
6. Theater 7. spannend
8. Gitarre

Test nach Abschnitt 156
❶ 1. schwitzen 2. donnern 3. regnen 4. frie-
ren 5. schneien

② 1. Es ist heiter. Die
Sonne scheint. Es ist
warm. Sonnenschein,
Hoch 2. Es regnet.
Regen, Blitz und
Donner, Gewitter
❸ 1. Sonne 2. Frost
3. Schnee 4. Regnen
5. Nebel
❹ 1. Schlechtes 2. Tief
3. frieren 4. kalt 5. Kälte

Test nach Abschnitt 163
❶ 1. Quelle 2. Brücke
3. Küste 4. Atlas
5. Planeten 6. Ozean
7. Strand 8. Insel
9. Kanal 10. Gebirge
11. Getreide
② 1. trocken 2. steil
3. Tal 4. ernten
❸ 1. Ernte 2. Ufer
3. Roggen 4. Ozean
5. Planet 6. Atlas (Senk-
rechtes Wort: Europa)

Test nach Abschnitt 170
❶ 1. Haustiere 2. wilde
Tiere/Wild 3. Vögel
4. Insekten 5. füttern
6. schlachten 7. reiten
8. Wurzel 9. Park
10. Rasen 11. Vase
② 1. die 2. die 3. der
4. die 5. die 6. die
❸ Haustiere: Pferd,
Kuh, Schwein, Huhn –
Wilde Tiere: Elefant,
Löwe, Tiger, Fuchs

Test nach Abschnitt 179
❶ 1. Sekunde 2. Minu-

te 3. Stunde 4. Tag
5. Woche 6. Monat
7. Jahr 8. Jahrhundert
❷ 1. Morgen 2. Vor-
mittag 3. Mittag
4. Nachmittag 5. Abend
6. Nacht
❸ 1. eine Stunde
2. eine Woche 3. ein
Jahr 4. Neujahr 5. Silve-
ster 6. das Gedächtnis
7. die Geduld 8. Früh-
jahr/Frühling, Sommer,
Herbst, Winter
❹ 1. spät 2. abends
3. Nacht 4. Winter
5. Ende 6. zuletzt
7. nachher 8. nie 9. sich
erinnern 10. Zukunft

Test nach Abschnitt 187
❶ Norden, Westen,
Süden, Osten
❷ 1. niedrig 2. schmal/
eng 3. dort 4. nirgends
5. kurz/eng 6. langsam
7. ankommen 8. links
9. rückwärts 10. unten
11. außen 12. fern
13. abwärts 14. finden
15. waagerecht

Test nach Abschnitt 190
❶ 1. der Rest 2. übrig
3. zählen 4. addieren/
zusammenzählen
5. Paar 6. Mathematik
7. Maße
❷ 1. hundert 2. acht
3. neun 4. zehn 5. beide
6. drei 7. vier 8. Erste